그렇게 할 거면

재개발·재건축
절대 하지 마라

자유문고

그렇게 할 거면

재개발·재건축 절대 하지 마라

김제민 지음

개념 및 사례,
정책 등을 총망라한,
재개발·재건축
입문서

머리말

한국의 부동산은 개발의 역사와 함께 한다. 누구나 아는 서울 강남 개발 역시 부동산의 관점에서 보면 개발의 극대치를 보여준 상징적인 사례다. 한국의 국토는 급속한 산업화 속에서 무한 개발됐고, 전국 도시, 그중에서도 서울은 개발의 대명사로 과거와 현재, 미래에도 개발의 여지는 충분하다.

급하게 개발된 만큼 건물의 노후도와 재개발에 따른 사람들의 이해관계에 따라 서울의 재개발·재건축은 이미 상당 부분 진행 중이다. 부동산 투자에의 입문을 재개발·재건축을 중심으로 한 필자는 그 역사의 한 증인으로서 그 맥을 자세하게 들여다볼 수 있었다.

2006년 1월 입주를 시작한 도곡렉슬아파트는 재건축 아파트의 성공적인 사례라고 볼 수 있다. 필자는 총 34개동, 3,002세대인 도곡렉슬아파트의 재건축 프로세스를 보며 실질적인 재건축 아파트의 시세 형성을 엿보았다. 또한 서울 재개발의 1차 사례라 꼽히는 은평뉴타운, 길음뉴타운의 재개발 전반을 지켜보면서 서울시와 재개발 프로세스가 어떻게 조화되고 진행되는지를 보며 재개발 프로세스를 공부하기도 했다. 이외에도 서울 이문동과 용산에 직접 투자하면서 겪은 재개발·재건축 투자의 쓰디쓴 경험과 달콤한 성공 사례도 같이 경험했다.

한국 근대 도시의 건축 역사가 그리 길지 않듯이 한국의 재개발·재건축 역사도 그리 길지 않다. 지금 체계적으로 이어지고 있는 각종 법률과 조례 역시 재개발·재건축 진행 속에서 하나둘씩 정립해 가고 있는 실정이다.

상황이 이러하니 지금도 전국 각 지역에서 진행되고 있는 재개발·재건축의 운영 프로세스와 다양한 실제 사례를 통해 독자의 재개발·재건축의 이해를 도와야 한다는 생각이 들어 이 책을 저술했다. 제목에서 보듯 "재개발·재건축 절대 하지 마라"는 말에는 그만큼 이 분야는 공부의 필요성이 많다는 뜻이 담겨 있다.

필자는 강남 신사동에 위치한 사무실에서 주 1~2회씩 부동산 세미나를 연다. 그곳에는 은퇴를 앞둔 5060 세대도 오고, 부동산에 일찍 눈을 뜬 3040 세대도 모여 부동산 투자 공부를 한다. 그들은 재개발·재건축 투자에 관심이 높다. 하지만 필자는 우려가 된다. 단순한 부동산 투자와 재개발·재건축 투자는 상당 부분 다른 성질을 갖고 있기 때문이다.

먼저 재개발·재건축 투자는 핵심적인 투자 전략을 갖고 있어야 한다. 가령 서울의 한 지역에 재개발 투자처를 눈여겨보고 있다고 가정해 보자. 이때 필요한 것은 전체를 보는 안목이다. 즉 "나무가 아닌 숲을 보아야 한다"는 것이다. 재개발이란 한 지역의 노후화된 다양한 인프라를 전면적으로 바꾸는 개념을 갖고 있다. 따라서 재개발 인근지역의 아파트나 빌라 역시 그 수혜를 볼 수 있다. 재개발 해당 지역만이 아닌 그 주변 지역도 함께 고려하는 것, 입체적인 투자 마인드가 필요한 이유가 여기에 있다.

한국에서의 재개발·재건축 투자는 과거 사업을 진행하면서 시행착오를 무수히 겪어 왔다. 실제로 많은 재개발·재건축 지역이 지정 해제가 되고 원점에서 다시 시작한다. 당연히 재개발·재건축 투자는 신중할 수밖에 없다.

이 책에서는 재개발·재건축의 실제 투자를 진행한 나의 경험을 적극 살려 보려고 한다. 실전만큼 귀중한 정보는 없다. 또한 2000년대 초반부터 부동산 중개업을 시작으로 부동산 투자경험을 쌓아 온 간접 투자 경험 역시 좋은 콘텐츠가 되리라 본다.

재개발·재건축 프로세스의 기본적인 이해에도 신경을 썼다. 사실 기본적인 이론 배경을 모르면 실전 투자는 어렵다. 이에 따라 사업준비 단계, 사업시행 단계, 사업완료 단계 등으로 나눠 그 기본적인 정보를 비교적 쉽게 설명하려고 힘썼다. 또한 재개발·재건축의 체크리스트와 사업성 분석 및 비례율 알기를 적어 독자들의 이해를 도왔다.

이 책의 묘미는 무엇보다도 재개발·재건축의 투자 사례이다. 성공 사례는 물론이고 실패 사례도 가감 없이 독자에게 제공해 재개발·재건축의 본질적인 투자 관점과 그림을 그릴 수 있도록 도왔다.

모쪼록 독자들이 이 책으로 재개발·재건축 투자의 기본적인 이해와 함께 성공적인 투자 관점을 지녔으면 좋겠다.

2019년 가을, 강남 신사역 집무실에서
김제민

PART 1

그렇게 할 거면 재개발·재건축 절대 하지 마라

재개발 투자의 대표적인 실패 사례

재개발 투자는 만만하게 접근해서는 절대 성공할 수 없다. 이 책의 제목을 『그렇게 할 거면 재개발·재건축 투자 절대 하지 마라』로 붙인 이유도 재개발 투자의 변수가 많은 것을 독자들에게 강조하기 위해서다.

다만 재개발 투자의 다양한 변수와 상황에 대한 공부를 한다면 투자 수익률은 그 어떤 부동산 투자보다 높을 수 있다. 일단 재개발 투자의 다양한 실패 사례를 살펴보자. 다음의 사례들은 필자가 부동산 투자를 해오면서 본 실제적인 경험이다.

현금청산 대상 매물을 조심하라

재개발 투자 실패 원인 중 가장 큰 것은 현금청산 대상인지 모르고 매수해서 낭패를 보는 경우이다. U씨는 근생상가 물건을 매수해 큰 손해를 보았다. 과거 정부에서는 부동산이 과열되는 시기에 뉴 타운 지역에서 무분별한 프리미엄에 규제를 주기 위해 20㎡ 이상에 매물에 대한 거래를 중지시켰다.

그렇다 보니 20㎡ 미만의 매물에 대한 프리미엄이 엄청나게 발생이 되었고 그 매물을 만들기 위한 건축 공급자들의 노력이 시작됐다. 당시로서는 주거용으로 사용하는 주택에 대해서는 입주권이 나가다 보니 U씨는 근생 상가를 개조한 주택을 구입하였다. 20㎡ 미만의 거래에도 제한이 없고 현황상 주거용으로 사용하는 터라 입주권이 가능한 물건이기에 구입했던 것이다. 하지만 U씨는 규제에 걸려 거래도 하지 못하고 큰 손해를 봤다.

동일 사업장의 수익 차이에 주목

재개발 투자에서 가장 주의해서 봐야 하는 것은 사업기간과 본인이 투자한 매물의 감정가다. 그리고 사업기간은 조합설립부터 사업시행인가, 청산까지 일반인이 알기에는 좀 어려워 세밀하게 볼 필요가 있다.

A구역 재개발에서 조합원들은 모두 수익을 얻었다. 조합원 분양가에서 현 입주까지 프리미엄이 보통 4~6억 원까지 발생되었기 때문이다. 하지만 동일 사업장의 조합원 내에서도 어떤 사람은 4억 원의 수익이 나고 어떤 사람은 6억 원의 수익이 나는 이유를 알아둬야 한다. 단순한 원리로 '더 많이 투자한 사람이 6억 원의 수익을 얻었겠지'라고 쉽게 생각할 수 있으나 실상은 다르다.

비슷한 금액에 빌라를 투자한 사람들 중에서도 이런 현상이 발생한다. 결국 4억 원의 수익을 본 사람도 6억 원에 수익을 본 사람과 비교해 보면 실패한 투자라고 생각할 수도 있는 것이다.

가령 재개발 지역의 매물을 살펴보자.

$$\Bigg[\begin{array}{l} \text{A구역 토지 지분 } 33m^2 \text{ 건물면적 } 59m^2 \text{ 매물 2억 5,000만 원에 '가' 물건} \\ \text{A구역 토지 지분 } 33m^2 \text{ 건물면적 } 56m^2 \text{ 매물 2억 4,000만 원에 '나' 물건} \end{array} \Bigg]$$

이 2개의 매물 중 당신은 어떤 매물을 선택할 것인가? 이것을 구입했던 D씨는 별 의심 없이 위 금액을 주고 보다 싼 '나'매물을 구입하게 된다. 오히려 투자금이 '가'매물에 비해 1,000만 원 적게 들어 기분 좋게 생각했다.

하지만 실제 평가에서는 '나'매물이 인근의 '가'매물보다 8,000만원 싼 감정평가액이 나와버린 것이다. 화들짝 놀란 D씨는 알고 보니 부동산의 용도지역의 차이가 이런 엄청난 결과를 초래했다는 사실을 알았다.

재개발 지역은 재산평가를 한다. 재산평가라는 것은 감정평가액에 비례율을 곱하여 결정된다. D씨는 부동산의 용도지역에 부과되는 1종과 2종 주거지를 체크하지 못한 것이다. 결국 1종 주거지와 2종 주거지의 차이로 8,000만 원의 토지가치 하락이라는 투자 수익률 감소의 결과로 이어진 것이다.

게다가 건물에 가치부분에서도 '가'매물이 수리된 부분에 대한 가치를 더 인정받아 '나'와 비슷한 평수이지만 더 많은 가치평가를 받게 됐다. 시세가 적다고 무조건 선택하기보다는 재개발 매물의 가치는 다양한 기준에 따라 평가된다는 사실을 알아야 한다.

과거 기준과 현재 기준의 차이 존재

기존 재개발 지역의 특징은 대부분 구릉지를 가지고 있는 지역 위주로 개발이 이뤄졌다는 점이다. 그리고 이때 재개발 시 기준점은 토지의 크기에 따라 재산평가액을 산정해 준다. 즉 과거에는 구역을 지정해 감정가액을 부여한 것이다.

예를 들어 99만m^2에 달하는 재개발 부지가 있다면, 그 부지를 2~3개 지구로 나누어 구역별로 감정가액에 기준을 만들었던 것이다. 그 넓은 99만m^2에 기준을 2~3개 잡는 것은 결국 33만m^2당 1개의 기준이 세워진다는 것이다.

그렇다 보니 언덕과 평지의 차이를 가격으로 체감하는 실제 부동산 거래이지만 다음과 같은 변수가 발생했다.

언덕에 165m^2를 3억 원에 구입한 사람이 있었다. 반면 도로변에 33m^2를 4억 원에 구입한 사람이 있었다. 결국 과거 평가방식으로는 165m^2의 대지를 소유한 사람이 더 높은 재산평가를 받았다. 실제로 165m^2를 구입한 사람에게는 99m^2, 79m^2 크기의 2개 아파트가 주어졌고 33m^2를 구입한 사람에게는 99m^2 아파트 한 채가 주어졌다.

하지만 현재 변경된 방식으로는 아무리 넓은 재개발지역에서도 1필지씩 감정가액을 산정한다. 앞서 말한 병폐를 줄이기 위한 수단으로 좀 더 정확한 재산평가를 하기 위해서 바뀐 것이다.

T씨는 구릉지가 많은 부산 재개발지역에서 토지지분이 많으면 좋은 줄 알고 시세보다 저렴한 물건을 구입했다. 구릉지 윗부분에 5억 원, 토지지분 66㎡, 건평 42㎡의 주택을 구릉지 아래 4거리의 매매가 4억 원, 토지지분 42㎡, 건평 66㎡ 매물과 비교해서 저렴한 생각이 들어 계약하게 된다.

하지만 감정평가 시에 토지는 넓으나 공시지가와 건물의 노후도 때문에 투자에 실패하고 말았다. 이유는, 같은 금액에 토지가 좀 더 많은 것이 좋을 줄 알고 구입한 주택이 작은 토지를 가진 조합원보다 감정평가액이 낮게 나왔기 때문이다. 계약 당시 공시지가와 감정평가 기준을 전혀 모르고 재개발 부동산을 구입했던 것이다.

재개발 투자 시에 공시지가와 건물의 노후도, 그리고 선택할 부동산의 입지를 알 수 있다면, 더 나아가 과거 거래되었던 실거래가를 분석해 봐야 실패를 줄일 수 있다.

과소필지의 입주권 확보 여부

투자자를 만나면 도로 및 과소필지의 경우 입주권이 어떻게 나오는지를 궁금해 한다. 그렇다면 과소필지는 몇 ㎡ 기준으로 말하는가?

보통 30㎡ 미만의 토지를 과소필지라 한다. 30㎡ 미만의 토지는 현금청산 대상이 되니 절대 투자하면 안 된다. 30㎡ 이상 90㎡ 이하의 토지 소유자 중 세대원 전체가 무주택일 경우에만 입주권이 나온다(무주택 기간은 사업시행인가 고시일부터 공사완료까지의 기간이다).

하지만 이중에서도 도로는 제외된다. 도로는 무조건 $90m^2$ 이상 보유해야 주택보유 여부와 지목에 관계없이 입주권이 나온다. 여기서 일반인들이 착각해 실수를 하게 된다.

위 $30m^2$ 이상 $90m^2$ 이하 무주택자(나대지)는 입주권이 나온다. 반면 같은 $90m^2$(도로부지)는 입주권이 안 나온다.

N씨는 이 부분에 대한 정확한 내용을 모르고 $90m^2$만 기억하고 매수하였으며, 결국 입주권을 못 받고 현금청산 대상자가 되어 버렸다.

그 이유 무엇일까? 과거 필지 정리를 하면서 타 필지에 주택부지를 포함하고 있어서 실측한 결과 $0.9m^2$가 부족해서 현금청산이 된 것이다. 여기서 기억할 것은 $90m^2$ 이상의 도로부지는 입주권이 나오고, $30m^2$ 이상 $90m^2$ 이하 과소필지 무주택자도 입주권이 나온다는 점이다. 그리고 $90m^2$ 이상 도로 부지에는 $90m^2$도 포함된다.

5년 이내 재개발 지역 내 연속투자 주의

투자자들은 한 번 성공한 투자를 계속해서 하려는 경향이 있다. 투자자 F씨는 재개발 지역에서 성공한 투자를 했다. 그 수익금을 가지고 또 다른 재개발 지역을 찾기 시작했다. 결국 B라는 사업지를 선택해서 조합원 지위를 얻게 된다.

하지만 기존 투자처에서 남은 금액으로 무엇을 할지 궁리하던 중 다른 재개발 지역에 저렴한 매물이 나와 구입하게 됐다. 역시 과거 경험에 의해 대지지분과 건축물의 상태, 용도지역 확인, 과거 거래 사실 확인, 입주권이 가능한지 기존 매도자 조합원 자격여부 확인 등 철저하게 알아보고 구입했다.

마음속으로는 기존 노하우를 활용해서 몇 번 이렇게 재개발 지역 투자를 하면 '난 큰돈을 벌 수 있어'라고 생각하고 또 다른 재개발 지역을 매수했다. 그러나 2019년 관리처분이 나면서 투자했던 지역의 부동산에 방문해 하늘이 무너지는 소리를 들었다.

5년 이내 재개발 지역에서 또 다른 재개발·재건축 물건을 소유한 경우 현금청산이 된다는 이야기였다.

이제는 재개발 투자 시 꼭 알아야 하는 것이 있다. 구입하는 사람도 기존 매도자가 조합원 자격이 있는지 알고 구입해야 한다.

2017년 10월 24일 도심위 중앙 정비법 변경으로 투기 과열지구(조정대상지역) 안에서 재개발·재건축 조합원이 분양을 받을 경우 5년 이내에 다른 재개발·재건축 지역에서 아파트를 받을 경우 현금청산 대상자가 된다.

결국 F씨는 투자했던 다른 매물도 눈물을 머금고 매도했다. 다행히 작은 금액에 프리미엄이 붙어 있는 아파트여서 피해액이 작았지만 그는 큰 교훈을 얻었다.

조합원의 자격과 지위 여부 중요

투자자 H씨는 과거 재개발 지역에서 통 빌라를 소유하고 있었다.

2004년 청산 시 소유하고 있던 빌라 10세대 중 6세대를 매도해 프리미엄 수익만 6억 원을 벌었다. 나머지 4세대는 본인소유 2세대, 자녀 증여 1세대씩 해서 분배했다.

투자자 H씨의 친구 C씨는 이 투자 상황을 보고 재개발 투자를 결심했다. 하지만 시기가 좋지 않은 상황에서 재개발 투자에 도전하는 것은 아니라고 판단했고 투자시기를 늦춰 2013년도에 투자를 하게 된다.

C씨는 당시 부동산 분위기가 좋지 않았던 시기라 저렴한 가격에 매물을 매수할 수 있었다. 당시 부르던 매매가격에 흥정을 더해 5,000만 원이나 더 저렴하게 물건을 매수했다. 하지만 이 지역 재개발 매물을 2014년 관리처분을 받을 시기에 현금청산을 했다. 여러 소송을 통해 잃어버린 돈을 찾으려 했지만 결국 패소하고 말았다.

일단 투자자 C씨는 과거 친구의 사례에 집착했다. 주택이 1세대 있으면 재개발도 1세대가 나온다라는 기본적인 원리를 가지고 접근했다. 하지만 이 집을 매도한 사람은 기존 동일지역에 3채를 보유하고 있었다. 이 부분을 모르고 있었던 C씨는 조합원 지위의 확인 절차 없이 매매가격을 내리는 데만 집중했다. 그 결과 현금청산이라는 최악의 결과를 낳았다.

조합설립 시 2011년 1월 1일 이전 매물은 분양 매물에 제한이 없지만 2012년 말까지 매물 중 2채를 소유한 사람의 물건을 매입할 경우까지만 주어진다. 하지만 그 이후 매입하게 된다면 현금청산 대상자가 된다는 점을 알고 가야 한다. 즉 2011년 1월 1일 이전에 조합설립인가가 매수한 물건이라면 다주택자라도 분양자격이 주어진다.

2011년 1월 1일~2012년 말까지 매수한 물건 중 2주택자 물건인지 확인하고 매도하면 된다. 이는 조합사무실에서 확인 가능하다.

재건축 투자의 대표적인 실패 사례

재건축 투자는 시간과의 싸움이다. 특정 지역의 경우 재건축 호재가 나와도, 그 지역의 이해관계가 얽혀 있을 시 재건축 사업은 평탄하게 진행되지 못하는 경우가 있다. 바로 재건축 투자의 변수가 생겨나는 것이다. 재건축 투자 시 이런 변수에 대한 안목을 가져야 당신의 소중한 투자금을 지킬 수 있다.

국내 경제의 침체로 재건축 투자의 위험성 증가

지방에서 사업체를 운영하던 W씨는 서울 강남지역의 재건축에 투자하기 위해 2005년 초반에 서초 우성3차아파트를 매수하게 된다. 사실 재건축 투자보다는 강남에 거주하고 싶은 마음이 더 큰 W씨였다.

주변 도곡 주공의 가격 상승을 보며 우성 3차 아파트에 대한 재건축을 알게 됐다. 도곡 주공의 가격이 2006년 기점으로 11억 원까지 가는 모습을 보여 주었기 때문에 재건축에 대한 기대감이 폭발하던 시기였다. W씨 역시 재건축에 대한 기대감을 가지고 보유를 하게 된다.

이후 W씨가 구입한 우성 3차 아파트는 우여곡절을 겪게 된다. 우성 3차 아파트는 2010년 조합설립이 되고 2012년 초에 사업시행 인가를 받게 된다. 2013년 관리처분을 받게 되지만, 2013년 분위기는 2009년 외부 영향으로 부동산 경기가 안 좋은 시기다. W씨는 결국 고심 끝에 현금청산을 결정하게 된다. 안 좋은 부동산 경기 속에서 평당 분양가 자체가 내려간 것이 이유였다. 또한 당시 2013~2014년 사이에 주변에서 현금청산 소송 건이 증가한 것도 현금청산을 할 수밖에 없는 이유였다. 그는 결국 현금청산을 받아 재건축에 실패했다.

우성3차 109㎡ 2006년~2014년 가격

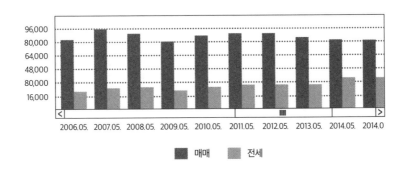

W씨의 사례를 보면 재건축 투자가 반드시 성공을 가져다주는 보증수표가 아니란 점을 확실히 알 수 있다. 당시의 경제적인 흐름과 개별 아파트의 평가 가치가 중요하다는 이야기이다.

재건축 사업기간의 지체로 인한 고통

2006~2007년은 재개발·재건축 열풍이 불던 시기이다. 당시 전국의 여러 아파트 단지들이 재건축을 위한 시도를 했다. R씨는 인맥을 통해 정보를 듣고 확인 작업을 거쳐 자신이 거주하는 지역의 재건축 아파트에 투자하게 된다. 서울 강동구 둔촌동에 위치한 둔촌주공 재건축 사업이다. 2000년 초반부터 재건축 준비를 하게 된다.

2002년 초반 삼우조건과 장원종건을 통한 설계를 기획했고, 2003년 10월 65,8% 동의율로 조합설립 추진위원회를 구성하여 본격적인 절차를 진행하게 된다. 뒤이어 2006년 11월 구역지정을 하게 된다

구역지정이 된 후 본격적인 투자 열풍이 불기 시작했다. 시공사 확정은 2010년에 현대건설, 현산, 대우건설, 롯데건설이 확정되었지만, 이미 2007년부터 시공사 확정이라는 소문이 돌기 시작하고 부동산 시장에서는 확정된 사업이라는 말이 돌았다.

R씨는 정보력을 활용해 시공사 선정에 대한 이야기를 듣고 투자를 시작한다. 하지만 '둔촌주공이 종상향이 된다'라는 이야기가 돌며 사업개선 효과만 보고 과열되면서 조합원 간 갈등을 조장하는 원인을 제공했다. 결국 사업지연으로 이어졌고 적절한 시기를 놓

쳐 버리면서 장기화로 갈 수밖에 없는 상황이 됐다.

2009년 12월, 81%에 동의율을 받고 조합설립인가가 확정되고 표면적으로는 잘 진행되고 있었지만 사업이 장기화로 들어섰다. 결국 2014년 말에서야 인가신청을 하고 2015년 고시가 된다. 2018년 관리처분인가가 떨어졌다.

R씨는 2006년 말에 구입하였다가 지체되는 사업기간 연장으로 2016년 초에 매도했다.

R씨가 구입한 매물은 7억 원, 이를 10년이 지난 후 6억 8,000만 원에 매도했으니 실패라 할 것이다. 실패의 이유는 결국 종상향에 대한 분석이 미비했기 때문이다.

결국 종상향에 집중한 결과로 인해 사업속도를 생각하지 못한 것이다. 2종에서 3종으로 갈 경우 용적율이 늘어나 사업성이 좋아진다. 하지만 일부 종상향이라는 점이 조합 내에서도 평가액이 달라짐에 따라 입장 차이가 생기면서 분쟁이 생겼던 것이다. 결국 당

둔촌 주공1단지 59.5㎡ / 52.23㎡

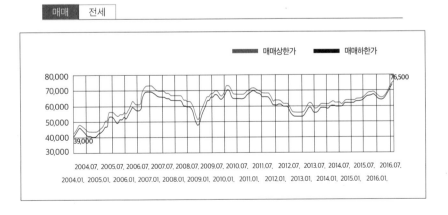

시 조합에서는 종상향을 안 하더라도 사업의 속도가 빨라지는 것이 이익일 수 있는 것을 간과한 것이다.

또한 시공자가 도급 공사만 책임지고 있다 보니 여러 가지 변경 사항에 조합이 대응을 못하면서 사업이 늘어지게 됐다.

용산지역 시범아파트 재건축이 늦어진 이유

2007년 당시 용산지역은 정말 뜨거웠던 곳이다. 현재 서울 삼성동 부지에 짓고 있는 120층 현대자동차 건물이 3개가 들어갈 정도의 엄청난 크기를 자랑하는 국제 업무단지, 그리고 3억3,000㎡가 넘는 용산미군기지 이전 등, 용산지역 개발에 대한 기대감이 엄청나게 높던 시절이었다.

주부 J씨는 용산에 대한 부푼 꿈을 안고 그 지역 아파트를 보기 시작한다. 그때 당시 한강 르네상스 계획으로 한강에 대한 가치를 논하는 시기였기 때문에 J씨는 수변에 재건축이 가능한 아파트를 찾기 시작한다.

그 당시 용산구 지역의 아파트들을 보면, 평균 매매가격이 2,700만 원대를 하던 시기여서 상대적으로 저렴한 시범아파트를 선택하게 된다. 인근 부동산에서 설명을 들었는데, 대지지분이 없지만 서울시 부지에 토지비를 주면 되고감정평가 금액으로 산정해서 투자가 이뤄진다면 충분히 이익이 있을 것이다, 라는 부동산 중개소의 설명을 믿었다. 당시 한강 조망에 대한 가치를 강조하는 이야기에

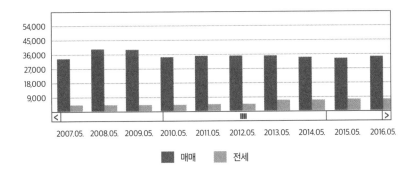

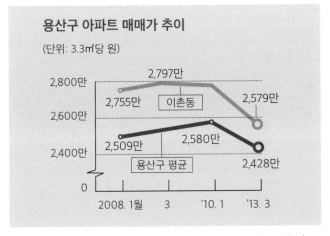

용산구 아파트 매매가 추이

(단위: 3.3㎡당 원)

2,797만

2,755만 이촌동   2,579만

2,509만   2,580만

용산구 평균   2,428만

2008. 1월   3   '10. 1   '13. 3

자료: 부동산114

귀가 솔깃했던 것이다. 결국 J씨는 2008년 3억 5,000만 원을 주고 시범아파트를 매입했다.

하지만 국제업무단지가 무산되면서 한강 르네상스 계획은 전면 취소됐다. 이 지역은 성장동력을 잃어버리고 매매가 되지 않았다. 결국 2018년 9월, 4억 원 중반가격에 매도해 10년 동안 1억 원의 이익을 보긴 하였지만 10년이란 세월을 감안하면 결코 잘된 투자는 아니었다.

일단 재건축을 선택할 때는 변수 등의 문제를 자체적으로 해결 가능한 지역을 선택해야 한다. 즉 재건축 부지에 조합원이 아닌 다른 이권을 가진 단체가 혼성되어 있으면 서로의 합의점을 찾는 데 시간이 많이 걸린다. 시유지 도로 부분도 역시 이런 종류에 속한다.

일부 재건축 단지는 상가부지 때문에 진행이 더딘 지역도 많다. 평형대가 다양해도 진행이 더딜 수 있다. 같은 목표점을 가지고 있지만 결국 이익 되는 부분은 다르기 때문에 의견차가 생기고 사업이 지연된다.

시범아파트 입지 가치는 분명 존재한다. 하지만 입지 가치가 실현되기까지 기다림은 쓰다. 앞으로 용산지역 시범아파트가 어떤 아파트로 재탄생할지 모르겠으나 분명 한강 조망에 대한 가치는 있는 아파트이지만 기다림이란 변수를 안고 가야 한다.

도곡렉슬에서
재건축 아파트의 장점을 보다

서울 강남구 도곡동 '도곡렉슬'은 도곡동 일대 규모가 가장 큰 대단지다. 34개 동, 3,002가구로 이뤄졌다. 입주는 2006년 시작했다. 전용면적은 59~176㎡로 다양하다.

이 단지는 지하철 분당선 한티역·3호선 도곡역 사이에 있는 이중 역세권 단지다. 동부간선도로 및 경부고속도로 진입이 쉬워 주요 도심으로 이동하기도 편하다. 학군이 우수해 학부모에게 인기가 높다. 단지 바로 앞에 대도초, 숙명여중, 숙명여고, 중대부고가 들어서 있다. 대청중, 역삼중, 단대부고 등도 가깝다. 대치동 학원가도 도보 거리에 있다.

이처럼 도곡렉슬 아파트를 소개하는 이유는 이 아파트가 재건축 아파트의 시작점과 같은 위상을 가지고 있기 때문이다. 2000년대 초반 도곡 주공1차 아파트였던 이곳은 그 지역의 장점을 발휘해 더 좋은 위상으로 재탄생했다. 필자는 2000년대 초반 도곡렉슬

재건축 사업의 진행을 처음부터 입주 시기까지 전 과정을 지켜보았다. 그 결과 재건축 투자의 실효성을 경험한 이후 재건축 투자의 방향을 제시해 볼 수 있는 전문가가 됐다.

재건축 사업은 정비시설 양호한 편

재건축 사업은 정비기반 시설은 양호하나 노후·불량 건축물이 밀집한 지역을 대상으로 한다. 여기에 재개발 사업과 근본적인 차이가 있다. 재개발 사업은 정비기반 시설이 열악한 반면 재건축 사업은 양호한 편이다.

재건축의 대상은 기본적으로 노후·불량주택으로서 공동주택을 원칙으로 하나 예외적으로 단독주택도 대상에 포함하고 있다. 공동주택이나 단독주택을 대상으로 재건축 사업을 하고자 하는 경우는 300세대 이상(단독주택은 200호 이상) 또는 그 부지면적이 1만 m2 이상이어야 하며, 안전진단 실시 결과 2/3 이상의 주택이나 주택단지가 재건축 판단을 받은 지역(단독주택은 노후·불량건축물이 해당 지역 안의 건축물 수의 2/3 이상인 지역)이어야 한다.

재건축을 위해서는 해당구역에서 추진위원회를 구성하고 '재건축 결의'를 해야 한다. 재건축 결의가 법적인 효력을 얻기 위해서는 전체 구분소유자 중 4/5 이상, 각 동별 2/3 이상이 동의를 해야 한다. 결의가 되면 해당 지방자치단체가 평가하는 안전진단 절차를 받아야 하고, 재건축이 가능하다고 판단되면 조합을 설립해 재건축 사업에 들어가게 된다.

이러한 재건축 아파트의 최적의 조건은 무엇인가? 먼저 서울시 도시철도계획에 따른 대중교통시설을 눈여겨봐야 한다. 각종 경전철, GTX A·B·C 노선, 신안산선, 신분당선에 이르기까지 수도권 도시철도망은 더 촘촘하게 우리의 생활 권역으로 들어오고 있다. 그 역세권을 노려봐야 한다.

출퇴근의 편리함은 주택 가격 형성에 적지 않은 비중을 준다. 물론 자가용을 이용하는 세대가 월등히 많은 것이 현실이지만, 자녀들의 학교·학원 통학, 주부의 쇼핑 등을 생각해 보자. 대중교통이 잘 갖추어져 있지 않다면 얼마나 불편하겠는가?

때문에 대중교통이 편리한 곳의 아파트 가격이 높게 형성되는 것이 일반적이다. 따라서 2030 서울시생활권에서 제시하는 향후 역세권이 될 예정지역을 미리 선점하라. 환승역이 될 지역이라면 더욱 좋다.

또한 교육시설이 잘되어 있는 곳을 찾아라. 집값의 시세가 오르는 곳은 양호한 교육환경을 자랑한다. 비록 지금 당장은 특별한 것이 없다고 해도 일단 교육시설이 들어오면 교통시설, 쇼핑·문화시설 등은 당연히 뒤따라 들어서게 되어 있다. 따라서 교육시설은 구축 아파트 선택기준에 부합한다.

재건축 투자의 선택

첫째, 용적률은 높을수록 좋다.

용적률은 건물을 얼마나 많이 그리고 높게 지을 수 있느냐를 결정해 준다. 즉, 대지 면적에 대한 건물 연면적의 비율을 말한다. 따라서 용적률이 클수록 건물을 많이 지을 수 있다. 일반적으로 아파트는 제2종(200%) 아니면, 제3종(250%) 일반주거지역에 소재한다. 이런 경우 용적률이 큰 제3종 일반주거지역에 소재한 재건축 아파트를 선택하는 것이 유리하다.

둘째, 조합원 수는 적은 것이 좋다.

아파트 단지의 전체 대지 면적에 비해 조합원 수는 적을수록 좋다. 그러면 일반분양 물량이 늘어나게 된다. 당연히 조합원은 재건축에 따른 개발이익을 많이 가져갈 수 있다. 참고로 전세수요가 많은 아파트를 골라야 한다. 재건축 아파트는 투자자들이 매입하는 경우도 많다. 이때 투자금액을 최소화하기 위해서는 전세를 끼고 투자하는 것이 유리하기 때문이다.

셋째, 투자기간은 짧게 봐야 한다.

투자수익은 기간에 비례한다. 일반적으로 조합원 수가 많으면 이해관계를 조정하는 데 시간이 다소 오래 걸릴 수 있다. 그러면 재건축사업 추진 속도가 떨어질 수 있다. 그래서 재건축절차 중, 거의 마지막 단계인 관리처분인가 이후에 투자하는 것이 좋다. 물론 이때 투자하면 겉으로 보기에는 미래가치가 작을 수는 있다. 하지만 가장 짧은 투자기간에 수익을 극대화시킬 수 있다.

재개발 표본, 은평뉴타운 개발

은평뉴타운은 서울시 은평구 진관동 일대에 위치한 주거단지이다. 서울시의 서북쪽 끝, 은평구 진관동에 위치하며, 원래는 경기도 고양군 신도면의 일부였으나 1973년에 서울시로 편입된 곳이다.

이곳은 2002년 서울시 강북지역 뉴타운 시범지구로 선정되어 2004년 12월 착공하였다. 2008년부터 입주가 시작되어 2013년 6월 기준으로 진관동 지역에 5만 명이 넘는 인구가 살게 되었다. 일단 주거지구 자체는 상당히 빨리 완성이 되었는데 미분양 아파트들이 2011년 연말까지만 해도 상당히 많았다. 그 미분양들이 2013년 들어서 대부분 소화된 결과가 진관동 인구 5만 명으로 나타나게 된 것이다.

은평뉴타운에서 본 재개발 프로세스

당시 필자는 은평뉴타운 근처에서 부동산 투자회사에 다니며 은평뉴타운의 시작과 끝을 보면서 재개발 프로세스를 익힌 바 있다. 재개발이란 주거환경이 낙후된 지역에 도로·상하수도 등의 기반시설을 새로 정비하고 주택을 신축함으로써 주거환경 및 도시경관을 재정비하는 사업을 말한다. 재개발의 경우에는 공공사업의 성격을 띠고 있다는 점에서 민간 주택사업의 성격이 짙은 재건축과 다르다.

또한 기존 주택 세입자 처리와 관련해 재개발은 공공임대주택을 공급하거나 공급 자격이 없는 세입자에게 3개월분의 주거대책비를 지급하도록 되어 있다.

당시 은평뉴타운 재개발 사업에서는 아직 재개발 법령조차 미비한 상황이었다. 그러다보니 관과 민은 재개발 사업을 진행하면서 시행착오를 거치며 재개발 사업을 이뤄냈다.

재개발 투자

먼저 재개발 매물의 매수 타이밍 잡기를 고려해야 한다. 모든 투자가 그렇듯 재개발 투자도 타이밍이 중요하다. 어떤 단계에 들어가서 어떤 단계에 빠져 나올지가 중요하다는 뜻이다. 재개발 초기 단계에서 아직 사업 가능성과 사업성이 불확실하기 때문에 정확한 투자 수익을 예측하기가 어렵다. 그만큼 투자 수익률은 크다. 재개발 후반기에 투자한다면 어떻게 될까? 불확실성은 줄지만 투자 수익은 적다. 이처럼 재개발 매물의 매수와 매도 타이밍을 잡는 것이 중요한데 이는 결국 재개발 투자의 시간을 어떻게 잡느냐가 결정한다.

뒤에서 언급하겠지만 재개발 투자는 여러 프로세스 단계를 거친다. 필자의 경우 조합설립단계부터 관심을 가진다. 조합을 설립할 때 대략적인 분담금 내용을 담은 안내책자를 배포하는데, 이를 분석해 수익을 타진해 본다. 관리처분계획이 나온다는 것은 사업을 진행할 비용이 구체적으로 확정된 것이다. 이때는 투자의 확실성은 좋지만 그이전 단계보다 수익성은 조금 떨어진다는 점을 감안해야 한다. 사업시행계획도 투자 수익 예측이 쉬워 수익 실현까지는 짧다. 다만 이미 많은 사람들에게 공유되어 있기 때문에 매입가격은 올라 있는 상태라는 점은 단점이다.

둘째, 수익성 예측이다. 재개발 투자는 반드시 예상 감정평가액이나 분담금 등을 구체적인 수치로 분석해 봄으로써 100% 정확하지는 못하더라도 어느 정도 투자의 방향성을 가늠하는 것이 중요하다. 예상 감정평가액이나 분담금을 개략적으로 예상해보는 것만으로 이 투자를 해야 하는지 정확히 판단해야 한다. 이 수치 내기를 싫어한다면 재개발 투자를 시작하면 안 된다.

재개발·재건축은 사업이다

부동산 책들은 무수히 많다. 그중에서 눈길이 간 책이 '부동산 1인 법인'을 다룬 책이다. 부동산 규제의 시대에 설립부터 활용까지 한 개인이 모든 문제를 풀기 위해서는 1인법인을 만들어서 부동산 투자를 해야 한다는 내용이었다. 재개발·재건축 투자는 1인법인을 설립하는 마음으로 투자해야 한다. 엄연한 사업이라는 관점을 가져야 한다는 말이다.

사업을 하려면 사전공부가 중요

다시 한 번 강조한다. 재개발·재건축은 사업이다. 최근 은퇴를 하고 사업에 뛰어드는 사람들이 많다. 제한된 자금을 투자하는 한 사람 한 사람의 눈빛은 평소의 사람들과 매우 다르다. 재개발·재건축 투자도 마찬가지다. 긴 호흡을 갖고 하는 투자이기에 처음 시작을 할 때 준비가 필요하다.

투자처의 입지를 살펴본다고 가정하자. 서울 곳곳에 재개발·재건축을 할 만한 노후화된 지역은 아직도 많다. 이런 곳이 재개발된다고 하면 언제 되는 것인지, 혹시 안 되는 것은 아닌지를 알려면 정비사업 및 추진절차의 이해가 필요하다. 또한 자신이 가진 매물이 몇 평 아파트를 배정 받을 수 있는지는 조합원이 돼 평형 배정을 어떻게 받을 수 있는지를 파악해야 한다.

내가 살 매물이 얼마의 보상을 받을 수 있는지도 진단해야 한다. 감정평가액을 알아야 자신의 투자금액이 나온다.

이 외에도 관리처분 단계, 분양자격의 이해 등 전반적인 재개발·재건축 투자 프로세스를 이해해야 진행과정 상의 시행착오를 줄일 수 있다. 이처럼 약간의 복잡성을 띠고 있는 재개발·재건축 투자는 꼭 챙겨야 할 체크리스트가 있는 법이다.

개인성향에 맞는 사업 방식으로

개인의 성향에 맞는 진행단계를 선택해야 한다. 초기 진행단계에 투자를 하게 되면 많은 돈이 한꺼번에 오래 묶이면서 다소 리스크는 존재하지만 투자수익률을 극대화할 수가 있다. 마무리 단계에서 투자를 하게 되면 리스크는 줄어드는 반면 높은 프리미엄을 주고 매입을 해야 하므로 투자수익률을 극대화할 수는 없다. 진행 단계별 투자는 투자자 본인의 성향과 밀접한 관계가 있다. 어느 방식이든 자신에게 맞는 맞춤형 투자를 해야 사업에 성공할 수 있다.

전쟁터인 재개발·재건축 현장

재개발·재건축 현장은 전쟁터다. 총성만 없을 뿐이지 건설사들 간의 시공사 선정 전쟁, 시행사 내부 집행부와 비대위 간의 전쟁, 조합원으로 들어가는 투자자들의 사업성을 둔 전쟁이 벌어진다. 그만큼 치열하다는 말이다.

건설사의 치열한 수주 경쟁

2019년의 정비사업 수주 시장은 작년 23조원보다 쪼그라든 20조원 수준으로 예상되면서, 줄어든 파이를 놓고 벌이는 수주전쟁이 더욱 치열해질 전망이다. 2019년 수주 판도는 서울 강남권보다는 비강남, 수도권보다는 지방에 방점이 찍힐 것이란 관측이다. 정부의 강력한 재건축 규제로 재건축 주무대인 강남권이 주춤하는 한편 상대적으로 위축되어 있던 비강남권의 약진이 두드러지는 모양

새다.

그럼에도 불구하고 서울 강남권 요지에서 벌어지는 핵심 현장에 대한 관심은 여전히 지속될 것으로 분석된다. 국내 정비사업 부문의 향방을 결정하는 공사비 수준 및 사업제안 내용들을 강남권 수주 현장에서 확인할 수 있기 때문이다.

조합이 설립되면 시공사를 찾는 일이 중요한데, 이때 시공사의 수주 경쟁은 상상을 초월한다. 재개발·재건축을 하는 지역은 구도심 등 입지가 좋은 지역일 수 있다. 건설사 입장에서 살펴보자. 서울의 강남권이나 서초권에 진행되는 재개발·재건축은 건설사 입장에서는 아파트 브랜드 가치도 올리고, 홍보도 되고, 수익도 나는 일석삼조의 효과를 거둘 수 있는 기회이다. 이를 활용하기 위한 시공사들의 모습은 전쟁에 가깝다.

조합과 비대위 간의 대립은 큰 변수

도시의 주거환경도 신도시 중심으로 개선되어 가고 있으며 구 도시도 '재개발사업', '재건축사업', '뉴타운사업' 등을 통해 주거환경이 개선되어 가고 있다. 그런데 이러한 사업들이 진행되는 곳에는 집행부와 비대위 간에 늘 진정과 고소, 고발이 함께 하고 있는 실정이다. 국토해양부의 통계(주택토지실 주택정비과)에 따르면 전국에는 재건축사업을 성공적으로 추진하여 준공을 마친 조합 1,576곳을 포함하여 3,818곳의 재건축조합이 있다고 한다.

이렇게 많은 조합 중에서 토지 등 소유자 간에 마찰이나 대립이 없는 조합은 손가락에 꼽을 정도이고 대부분의 조합이나 추진위원회는 여러 이유로 비상대책위원회와 심각한 갈등관계를 유지하고 있는 실정이다.

도시정비사업은 '헌집 헐고 새집을 짓는 것'이라고 단순하게 생각할 수도 있으나, 이 사업을 성공적으로 추진하기 위해서는 '도정법, 건축법 등을 비롯한 관련법'과 '여러 가지 규정', '지방의회나 자치단체의 정책방향', '부동산경기 상황' 및 '정치적 상황변화' 등을 고려하여야 한다.

사업진행 구조가 이렇게 복잡하게 되어 있기 때문에 전문지식이 부족한 추진위원회의 임원이나 조합의 임원들은 업무적으로 크고 작은 실수를 하는 경우가 빈번하고, 건설업체를 비롯한 관련 업체로부터 음성적으로 금품수수를 하는가 하면, 이것이 약점이 되어 시공사와 해당업체에 유리한 계약을 체결하는 비리를 저지르기도 하는 것이다. 그러니 어느 사업 현장에서나 비대위가 생겨날 수밖에 없는 것이다. 그러기 때문에 서울시에서는 도시정비 사업현장의 문제들을 해결하기 위해 '공공관리제도'를 신설하기도 하였다.

투자자는 사업성 분석의 도구 필요

흔히 재개발·재건축 투자는 큰 수익을 낼 수 있다는 이야기가 있다. 세상에 공짜는 없다. 큰 수익을 내는 만큼 이에 대한 사업성 분석은 투자자 입장에서 하고 들어가야 한다. '대지지분이 크면 좋다', '용적률이 낮으면 괜찮다'는 식의 단순한 이야기만 갖고서는 재개발·재건축 투자전쟁에서 승리할 수 없다.

　재개발·재건축 투자는 조합원이 갖고 있는 매물과 이를 부수고 새로 건설하는 새 아파트라는 물건을 교환하는 과정을 담보로 한다. 이때 사업성을 주먹구구식으로 단순 예측하진 않는다. 원래 매물의 감정평가액, 이에 따르는 권리가액, 이를 기반으로 비례율을 산정해 사업성을 예측하는 분석의 툴이 있다. 전쟁으로 본다면 무기에 해당할 수 있겠다. 이러한 사업성 분석을 통해서 투자의 가치를 알아보고 전쟁을 수행해야 수익이라는 승리를 쟁취할 수 있다.

17년간 표류하던 재건축사업의 반전

재건축 분야는 재건축 초과이익 환수제나 안전진단 관련 등으로 변수가 있다. 재건축 아파트의 랜드마크로 지금은 '반포 아크로리버파크'란 이름을 갖고 있는, 1994년 첫 삽을 뜬 신반포1차 재건축 주택조합의 경우에도 마찬가지였다. 지지부진한 사업 추진 속에 제자리걸음을 반복하던 조합은 조합원들 간의 얽히고설킨 이해관계 대립과 각종 소송 및 민원 등으로 무려 17년이라는 세월 동안 표류하던 상태였다.

그러던 2011년 조합장이 교체되면서 새로운 전기를 마련했다. 새로운 조합장은 대형건설회사 경력이 있으면서 도곡동 타워펠리스 현장소장, 재개발·재건축 종합컨설팅회사의 임원으로서 다양한 전문지식과 풍부한 현장경험을 축적해온 전문가였다.

새로운 조합장 선임의 재건축의 변화 가능

새 조합장이 부임하기 전 조합은 상태가 아주 좋지 않았다. 각종 소송과 민원 그리고 장기간 재건축의 발목을 잡아온 비대위 등으로 조합의 단결력 자체가 무너져 있었고, 대의원회를 열어도 대의원들이 모이질 않아 진행이 불가능할 정도로 사업 추진에 대한 의견대립이 팽팽한 상태였다. 상처 나고 곪은 부분을 치료하기 위해 조합장이 선택한 방법은 과감히 환부를 도려내는 것이었다. 그는 먼저 설계회사와 정비업체를 교체하며 재건축사업의 토대가 될 설계부터 다시 세워나가기 시작했다.

그의 목표는 오랜 사업 중단에 따른 조합원들의 간절한 소망인 조속한 이주와 입주 등 중단없는 빠른 사업추진과 다른 아파트와는 차별화된, 대한민국 1등이 될 수 있는 최고 명품아파트 단지를 만드는 것이었다. 새로운 조합에서는 '재건축은 시간과의 싸움이므로 조속한 사업추진과 대한민국 최고의 아파트를 만들겠다'는 비전을 조합원 모두가 공감하고 공유하는 일에 우선을 두었다. 제각각 흩어져 있는 마음을 한데 모으고, 역량을 집중시키는 것이 재건축사업 성공에 가장 우선되는 선결과제라 여겨졌기 때문이다.

새 조합의 움직임은 조합원들을 한데 뭉치게 하는 데에 성공한다. 신반포1차 조합은 업계에서 강한 단결력을 자랑하게 되었으며, 무려 95~98%에 달하는 총회 참석률을 뽐내며 한 조합의 사업 속도가 빠르게 진행됐다.

그 후 새 조합장의 취임 2년 반 만에 도시계획심의와 건축심의 통과, 사업시행변경인가, 관리처분변경인가를 각각 두 차례나 얻어내며 재건축사에 전무후무한 최단기간 인허가 기록을 세웠고, 이주에서 철거까지 일사천리로 해결됐다. 그 과정에서 새 조합은 서울시의 건축심의 촉구를 위해 박원순 시장에게 직접 호소문을 전달하는가 하면, 덕수궁 앞에서 1,500명이 참석한 대규모 촉구대회를 개최하며 삭발 투혼을 보이기도 했다. 이러한 노력으로 준공과 입주일을 2년 이상 단축시키고 약 200억 원을 절감했으며, 기존에 책정했던 가구당 환급금을 1억 원 이상 추가로 늘리기도 했다.

분양 완판으로 최고 분양가까지 경신

토대를 든든히 한 뒤, 과감한 결단력과 추진력으로 재건축사업을 주도해 온 새 조합의 노력은 지난 2013년과 2014년 1, 2차 분양에서 그 성과를 여실히 드러냈다. '반포 아크로리버파크'는 1차 분양 완판으로 도약의 첫 신호탄을 쏘아 올린데 이어, 2차 분양까지 3일 반나절 만에 완판을 달성하며 재건축 아파트 분양의 새로운 역사를 썼다.

당시에는 세계금융위기로 정부에서 양도세를 한시적으로 면제해줄 정도로 부동산경기가 최악의 상황이었고, 모두가 무모할 정도로 높은 분양가라며 미분양을 우려하던 상황에서 평당 5,008만 원이라는 고분양가로 대한민국 최고 분양가를 경신했으며, 대한민국 재건축 사상 조합원 수익률이 가장 높고, 사업기간이 빨랐던 성공적인 사례로 기록됐다.

새 조합의 성공비결은 다양한 요인이 있다. 반포동은 이미 강남 최고의 학군과 3·7·9호선이 지나는 교통 요지, 병원 및 백화점, 문화시설 등이 집중된 최고의 인프라를 가진 프리미엄 주거단지로 이름이 높았다. 이처럼 좋은 조건 속에서 남들하고 똑같은 아파트, 한강이 보이는 아파트 정도로는 경쟁할 수 없다고 여겼고, 대한민국 1등다운 압도적인 퀄리티의 프리미엄 아파트를 만들겠다는 것이 새 조합의 전략이었는데, 그것이 성과로 이어진 것이다.

PART 2

재개발·재건축 원리 이해하기

재개발·재건축 프로세스

주택재개발사업 시행 절차도

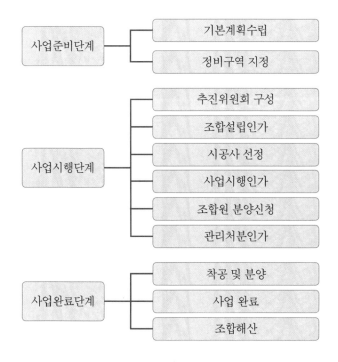

재개발·재건축 투자의
원리를 이해하자

인도의 한 왕이 장님들을 모아 놓고 코끼리를 만져보게 했다. 왕이 말했다.

"코끼리가 어떻게 생겼는지 말해보라."

그러자 상아를 만져본 이는 '무', 귀를 만져본 이는 '키', 머리를 만져본 이는 '돌', 코를 만져본 이는 '절굿공이', 다리를 만져본 이는 '널빤지', 배를 만져본 이는 '항아리', 꼬리를 만져본 이는 '새끼 줄' 같다고 했다.

장님들이 이야기한 것이 틀린 것은 아니다. 모두들 자신이 만져 본 것을 가지고 이야기한 것이다. 우리들도 코끼리를 만진 장님처 럼 자신이 본 것만 믿고 산다. 하지만 확실하게 봤다고 생각했던 것이 전체가 아니라 자신이 보려 했던 일부분이고, 들었던 것들이 전체가 아니라 자신이 듣고 싶었던 일부분일 때가 많다.

재개발·재건축 이야기를 시작하면서 장님의 코끼리 만져보기라는 이야기를 꺼낸 이유는 그만큼 재개발·재건축 투자는 변수가 많아 한마디로 단정짓기가 어렵기 때문이다. 가령 재개발·재건축 투자로 쉽게 수익을 보았던 사람이라면 그 투자의 효용성을 강조할 것이다. 반면 재개발·재건축 투자로 손실을 본 사람이라면 주변 사람들이 재개발·재건축 투자를 한다면 아주 말리려고 할 것이다.

하지만 중요한 것은 재개발·재건축 투자는 이미 2000년대 초반부터 투자의 한 부분으로 엄연하게 자리잡고 있다는 사실이다. 재개발·재건축 투자의 원리를 이해하고 투자의 한 방법으로 공부해둔다면 좋은 기회가 있을 때 과감하게 투자할 수 있다.

재개발·재건축 투자에 나설 조건

재개발·재건축 투자를 마음먹었다면 먼저 입지 분석부터 시작해야 한다. 일단 해당 지역이 재개발 된다고 하는데, 언제 재개발이 되는지? 아니면 혹시 안 되는 것은 아닌지를 판단해야 한다. 이 분야가 바로 정비사업 및 추진절차의 이해에 해당된다. 그 구역이 정비사업으로 정해졌는지가 가장 변수가 되는 것이다.

다음으로는 내가 가진 매물(사려는 매물)로 몇 평형의 아파트를 배정 받을 수 있는지를 판단하는 일이다. 바로 평형 배정의 문제이다. 또한 내가 가진 매물(사려는 매물)은 얼마의 보상을 받게 되는 것인가라는 감정평가의 문제가 남는다.

그 다음으로는 수익성 분석이다. 이에 관리처분이라는 절차를 이해해야 한다. 얼마의 추가 분담금을 내면 아파트에 들어갈 수 있는지를 파악하는 단계이다.

마지막으로는 내가 가진 매물(사려는 매물)이 아파트를 받을 수 있는 것인지, 상가를 받을 수 있는 것인지, 청산 받게 되는 매물인지를 판단하는 단계이다. 즉 분양자격을 이해하면 된다.

이러한 내용에 분명하게 답을 내릴 때에만 투자자는 재개발·재건축 투자에 나서야 한다.

땅을 알아야 수익률이 좋다

재개발·재건축을 바라볼 때 토지의 가치도 잘 파악해야 한다. 보통 시행업자들은 100평짜리 땅을 선호한다. 100평 기준일 때 2룸이나 3룸을 잘 뽑을 수 있다. 또 땅이 남향이냐 북향이냐 혹은 도로를 끼고 있느냐 등의 조건이 땅 가치를 결정한다.

건축 용어로 용적률이 있다. 전체 대지면적에 대한 건물 연면적의 비율을 뜻하며 백분율로 표시한다. 용적률이 높을수록 건축할 수 있는 연면적이 많아져 건축밀도가 높아지므로, 적정 주거환경을 보장하기 위하여 용적률의 상한선을 지정한다. 건폐율과 더불어 도시계획을 수립하는 데 기본적인 고려사항이다.

제1종 일반주거지역은 비교적 저층주택 중심으로 구성된 주거환경을 갖춘 지역으로서 건폐율 60% 이하, 용적률 100% 이상 200% 이하로 4층 이하의 단독주택, 공동주택, 제1종 근린생활시설, 학교, 노유자시설의 건설이 가능하며, 각 지자체의 조례에 따라 용적률 및 행위제한이 다를 수 있다. 제2종 일반주거지역에 비해 비교적 제한이 있어 부동산 가치가 떨어진다고 볼 수 있다. 제2종은 도시지역의 용도지역 중 가장 일반적인 지역으로서 주거생활에 필요로 하는 건축행위 중 상당 부분을 활용할 수 있어 그 가치가 높다고 볼 수 있으며, 과거에는 18층 층수제한을 두고 있었으나 현재는 층수제한이 없어지면서 활용도가 더 높아졌다.

제2종 일반주거지역은 중층주택을 중심으로 구성된 주거지역으로서 건폐율 60%, 용적률 150 % 이상 250% 이하 단독주택, 공동주택, 제1종 근린생활시설, 종교시설, 학교시설의 건축이 가능하다.

제3종은 초고층 건물이 들어설 수 있는 주거지역이다. 제3종 일반주거지역은 중, 고층 주택 중심으로 구성된 주거지역으로서 건폐율 50% 이하, 용적률 200% 이상 300% 이하 단독주택, 공동주택, 제1종 근린생활시설, 종교시설, 학교, 노유자시설의 건축이 가능하다. 재개발·재건축의 해당지역이 산야인지, 평지인지도 중요하다. 가령 산야가 많은 지역에 바위 등이 나온다고 했을 때 공사기간과 밀접하게 관계가 있다.

전체 프로세스를 이해하고 설계도를 그려라

필자는 2000년대 초반부터 재개발·재건축에 직·간접적인 투자경험을 갖고 있다. 이 분야는 나무보다는 숲을 봐야 한다고 본다. 개별 매물 하나하나를 선정해 구체적인 투자를 해야겠지만 일단 그 매물이 속한 투자 지역의 입지를 판단하고 투자 유무를 결정해야 한다. 그 입지가 정말 좋다면 재개발·재건축 지역 바로 옆에 투자를 해도 좋은 투자처가 되어줄 것이다.

재개발·재건축은 투자금도 상대적으로 많이 들고, 투자 기간도 길고, 사업 진행 중에 변수가 생기면 사업이 중단되는 일도 생긴다. 하지만 전체 프로세스를 이해하고 재개발·재건축 투자의 설계도를 그리면 투자대비 수익률이 좋은 투자이다.

재개발·재건축의 차이와 공통점

우리가 사는 동네에서 연립주택 또는 5층 정도의 고급 빌라나 맨션, 아파트들을 새로 신축하는 사업이 재건축이다. 따라서 재건축은 기존 도로 및 상권이 형성되어 있는 것이라 내가 살고 있는 집이 노후화되어서 그 집만 새 집으로 신축하는 사업이라고 할 수 있다.

그에 반해 재개발은 우리가 흔히 말하는 달동네를 말한다. 그곳에 가면 도로도 좁고 또는 집 앞까지 차가 들어가기 힘든 곳이 많다. 그래서 재건축에 비해 열악한 '환경'을 가지고 있는 곳이다. 그러다 보니 재개발은 한 동네를 전부 갈아엎는 형식의 사업이다.

재건축은 민간 주도 사업, 재개발은 관 주도 사업이다. 재개발은 SH·LH 등 공공기관에서 하는 것이 맞으나 우리나라에 있는 노후된 도시를 관에서 전부 진행하기에는 시간도 없고 자금도 부족하다. 그러다 보니 관 주도 사업이지만 조합이라는 민간에게 사업을 진행하게 하는 방식이 지금의 재개발 사업의 현실이다.

재개발은 주거 환경 자체가 개선되는 사업이라 조합원(주민)에게는 큰 장점이 되며 추후 동·호수 추첨 시 조합원에게는 우선적으로 좋은 층, 좋은 동을 받을 수 있는 특혜도 있다.

재건축 사업은 정비시설이 양호하고 노후·불량 건축물이 밀집한 지역을 대상으로 한다. 여기에 재개발 사업과 근본적인 차이가 있다. 재개발 사업은 정비기반 시설이 열악한 반면 재건축 사업은 양호한 편이다.

재건축의 대상은 기본적으로 노후·불량주택으로서 공동주택을 원칙으로 하나 예외적으로 단독주택도 대상에 포함하고 있다. 공동주택이나 단독주택을 대상으로 재건축사업을 하고자 하는 경우는 300세대 이상(단독주택은 200호 이상) 또는 그 부지면적이 1만 m^2 이상이어야 하며, 안전진단 실시결과 2/3 이상의 주택이나 주택단지가 재건축 판단을 받은 지역(단독주택은 노후·불량건축물이 해당 지역 안의 건축물 수의 2/3 이상인 지역)이어야 한다.

재건축을 위해서는 해당구역에서 추진위원회를 구성하고 '재건축 결의'를 해야 한다. 재건축 결의가 법적인 효력을 얻기 위해서는 전체 구분소유자 중 4/5 이상, 각 동별 2/3 이상이 동의를 해야 한다. 결의가 되면 해당 지방자치단체가 평가하는 안전진단 절차를 받아야 하고, 재건축이 가능하다고 판단되면 조합을 설립해 재건축 사업에 들어가게 된다.

정비사업의 유형 파악

재개발·재건축 사업을 시작하려면 먼저 사업 유형을 파악해야 한다. 사실 재개발·재건축 사업은 2000년대 초반만 하더라도 '도시재개발법'에 의한 재개발 사업, '도시저소득주민의 주거환경 개선을 위한 임시조치법'에 의한 주거환경개선 사업 등 각기 다른 법에서 사업방식을 규정하고 있어서 비효율성을 야기했다.

이에 단일한 법 개정에 대한 요구가 나오면서 2003년 단일법이라 할 수 있는 '도시 및 주거환경정비법'이 제정됐다. 다만 단일법 안으로 만들어 놓기는 했지만 세부사항이 매우 많기에 시행령, 시행규칙으로 따로 분류했고, 지역적인 특성을 고려해 시·도 조례상으로 세부조항을 만들어 보완했다.

위의 정비사업은 크게 6가지 정도로 나누어진다. 먼저 주거환경개선 사업이다. 이는 도시 저소득 주민이 집단으로 거주하는 지역으로서 정비기반시설이 극히 열악하고 노후·불량 건축물이 과도하게 밀접한 지역에서 주거환경을 개선하기 위한 사업이다.

정비기반시설이 열악하고 노후·불량 건축물이 밀접한 지역에서는 주거환경을 개선하기 위해 시행하는 주택재개발 사업이 있다.

주택재건축 사업은 정비기반시설은 양호하나 노후·불량 건축물이 밀집한 지역에서 주거 환경을 개선하기 위해 시행하는 사업이다. 도시환경정비 사업은 상업지역·공업지역 등으로서 토지의 효율적 이용과 도심 또는 부도심 등 도시기능의 회복 등 상권 활성화가 필요한 지역에서 도시환경을 개선하기 위해 시행하는 사업이다

주거환경관리 사업은 단독주택 및 다세대주택 등이 밀집한 지역에서 정비기반시설과 공동이용시설의 확충을 통해 주거환경을 보전, 정비, 개량하기 위해 시행하는 사업이다.

가로주택정비 사업은 노후 불량 건축물이 밀집한 가로구역에서 종전의 가로를 유지하면서 소규모로 주거환경을 개선하기 위해 시행하는 사업이다.

재개발·재건축 프로세스 이해하기

사업준비단계

기본계획수립

기본계획수립 시에는 기본계획서를 작성한다. 특별시장, 광역시장, 시장이 10년 단위로 기본계획을 수립한다. 이때 시장은 5년마다 타당성 여부를 검토하고 이 결과를 기본계획에 반영해야 한다. 해당 내용을 주민에게 14일 이상 공람하고 주민 의견을 수렴한다. 지방의회의 의견도 수렴한 뒤 각 지방도시계획위원회 심의를 받는다. 이렇게 수립된 계획은 각 지역 시장이 지방자치단체를 통해 고시해야 한다.

　도시·주거환경정비기본계획은 인구 50만 명 이상의 특별시장·광역시장·특별자치시장·특별자치도지사 또는 시장이 10년 단위로 수립하고 5년마다 타당성 검토를 한다. 이때 수립하는 계획안에 '정비구역으로 지정할 예정인 구역의 개략적 범위'가 포함되어야 한다.

- 도시 및 주거환경 정비를 위한 국가 정책 방향
- 도시·주거환경 정비기본계획의 수립 방향
- 노후·불량 주거지 조사 및 개선계획의 수립
- 도시 및 주거환경 개선에 필요한 재정지원계획
- 그 밖에 도시 및 주거환경 개선을 위해 필요한 사항으로서 대통령 령으로 정하는 사항

_{Tip} **기본계획**

기본계획조차 수입되지 않은 지역이라면, 정말 아무것도 아닌 곳이다. 재개발 구역이 될지 안 될지 모르는 곳, 현 시점에서 그냥 낙후된 마을이다. 또한 기본계획이 수립되어 있어도 재개발 정비구역 지정을 받지 못하면 재개발 사업을 할 수 없다.

정비구역의 지정

시·군·구에서 정비계획 수립 시 예정해 놓았던 정비구역을 실제 확정하는 단계다. 구역지정이 확정되면 신축, 증축, 용도변경 등의 행위 제한이 뒤따른다. 그러나 유지·보수를 위한 간단한 수선은 가능하다.

행위제한 등(도시 및 주거환경정비법 제5조)

정비구역 안에서 건축물의 건축, 공작물의 설치, 토지의 형질변경, 토지의 채취, 토지분할, 물건을 쌓아 놓는 행위를 하고자 하는 자는 시장·군수의 허가를 받아야 한다. 허가 받은 사항을 변경하고자 하는 때에도 같다.

허가를 받지 않고 할 수 있는 행위

- 재해복구 또는 재난 시에 필요한 응급조치를 위해 하는 행위
- 정비구역의 지정 및 고시 당시 이미 관계 법령에 따라 행위 허가를 받았거나 허가를 받을 필요가 없는 행위에 관해 그 공사 또는 사업에 착수한 자는 시장·군수에게 신고한 후 이를 계속 시행할 수 있다.
- 일반적으로 구역지정 이후 신축·증축 등의 경우에는 구청의 허가를 받아야 하나 통상 조합의 허가를 받는다.
- 구역지정공고 이전에 전입된 세입자는 '주거이전비'를 지급한다.
- 구역지정이 중요한 역할을 하는 이유는 지분쪼개기(조합원의 숫자를 늘리는 행위)가 이때부터 불가하다는 점이다. 구역지정 후 지분 쪼개기를 했을 경우 현금청산 대상이 되며, 분양자격을 박탈당한다.

정비구역

주택재개발 사업에서 가장 중요한 것은 노후도 조건이다. 노후·불량 건축물의 수가 전체 건축물의 3분의 2 이상인 지역이어야 한다. 30년 이상된 철근 콘크리트 건축물이나, 20년 이상된 단독주택 등의 건축물이 재개발구역 내에 위치한 전체 건축물의 3분의 2 이상이 돼야 한다. 실제로 주택 노후도는 투자자 입장에서 굉장히 무서운 복병이다. 많은 지역들이 이 노후도에 못 미쳐 오랫동안 기다림의 시간을 보내야 했다.

사업시행단계

추진위원회 구성

정비구역으로 지정되면 추진위원회를 구성하고 조합설립 절차에 들어가야 한다. 토지소유자 명부 및 토지소유자 과반 이상의 동의서를 마련해 5인 이상의 위원으로 추진위를 설립한다. 추진위원회는 정비사업자 선정, 조합정관 초안 작성 등을 담당한다. 조합 정관은 조합을 운영하는데 필요한 기본적인 규칙이 담긴 문서다. 사업자 선정 기준 등이 담겨 있다.

분쟁이 많이 일어나는 단계가 추진위원회 구성이다. 추진위원회에서 정비사업자 선정 및 조합정관 초안 등을 작성하는 등 많은 권한을 가지고 있기 때문이다. 특히 정비사업자 선정 단계에서 위원회와 위원회 반대파가 부딪히는 경우가 많다. 위원회 반대파 쪽은 자신이 원하는 사업자를 내세우려 하거나 조합정관에 반대하며 위원회 교체를 요구하는 경우도 있다.

추진위원회 역할

- 정비사업 전문 관리업체의 선정
- 조합설립 인가를 위한 준비업무
- 개략적인 정비사업 계획서 작성
- 운영규정 작성
- 토지 등 소유자 동의서 징구
- 창립총회 준비
- 정관 초안 작성

재건축 안전진단(재개발에는 해당 안 됨)

안전진단 단계에서는 토지 등 소유자 및 추진위원회가 안전진단신청서를 작성하고 구비서류를 첨부해 시장·군수에게 제출한다. 구비서류는 사업지역 및 주변지역 여건을 살필 수 있는 현황도 및 건축물 결함 부위 사진 등이다. 구청에서 설계기준 및 현재 상태, 구조안정성, 건축마감 및 설비 노후 상태, 주거환경 등을 평가한다. 이상이 있으면 한국시설안전기술공단, 한국건설기술연구원 등을 안전진단 기관으로 지정해 정밀 진단을 실시한다. 이때 평가등급이 D등급이 나오면 재건축 사업을 시행할 수 있다.

안전진단 단계는 시간이 많이 소요되는 단계 중 하나다. 기본적으로 구청에서 검사를 진행한 후 정밀 검사까지 받기 때문이다. 이 단계를 거친 후에는 나머지 단계 진행이 비교적 쉬운 편이다. 다만 조합원 간 갈등과 시행사와 조합 사이의 이권 분쟁이 많아지면 완료 시기까지 시간이 더 걸릴 수 있다.

Tip 안전진단

재건축 안전진단 제도는 노무현 정부 때인 2003년 만들었다. 무분별한 재건축과 이에 따른 집값 폭등 현상을 막자는 취지였다. 그 전엔 지방자치단체별로 중구난방이었고, 그마저도 통과의례에 지나지 않는다는 비판을 받았다. 평가항목은 구조안전성과 주거환경, 비용편익(경제성), 설비노후 등 4가지이다. 구조안전성은 말 그대로 건물이 구조적으로 얼마나 안전한지를 따지는 건데, 건물 기울기와 내하력(하중을 견딜 수 있는 능력), 내구성 등을 평가한다. 주거환경은 주차 공간과 층간 소음, 일조 등에 대한 평가이다. 안전진단 기준에 따라 재건축 단지의 희비가 매우 엇갈린다.

조합설립인가

추진위가 지역 구청에 조합 설립인가 신청을 한다. 이때 정비구역 내 공동주택의 각 동별로 구분소유자 3분의 2 이상의 동의 및 토지면적 절반 이상의 구분소유자 동의가 필요하다. 구분소유자는 해당 건물 및 토지를 나눠서 가진 주체를 뜻한다. 이 외에도 주택단지 내 전체 구분소유자 4분의 3 이상과 토지면적의 4분의 3 이상의 토지소유자 동의까지 얻은 후 인가신청을 할 수 있다. 구비서류는 조합정관, 조합원 명부, 토지소유자 등의 설립동의서 및 동의사항 증명서류 등이다.

조합설립에 필요한 유형별 동의율
- 주택재개발, 도시환경정비사업: 토지 등 소유자 4분의 3 이상 및 토지면적 2분의 1 이상
- 주택재건축: 전체 토지 및 건축물 소유자 4분의 3 이상, 동별 과반수 이상
- 가로주택 정비사업: 토지 등 소유자의 10분의 8 이상 및 토지면적의 3분의 2 이상

조합은 사업시행 시 사업주체로 보며, 설립인가일로부터 주택법 제9조 규정에 의한 주택건설사업 등의 등록을 한 것이다. 조합은 법인이며 비영리, 공익법인, 사단법인의 성격을 갖는다.

조합이 일단 설립되면 이미 동의한 의사표시를 철회하였다고 해

도 조합의 법적 지위에는 직접적인 영향을 미치지 않는다. 주택재개발사업 조합 설립 당시 사업시행안에 있는 토지 등 소유자는 사업에 동의하지 않아도 조합원이 된다. 단 재건축과 가로주택정비사업의 경우는 조합설립에 동의한 자만 조합원이 된다.

즉 재건축의 경우에는 이때부터 조합원 지위가 박탈된다. 주택재개발사업의 조합원은 강제 조합원 제도를 채택하고 있다. 철거업체, 시공자, 설계자의 선정도 이 시기에 결정된다.

Tip ————
조합설립

조합설립인가를 받았다는 것은 재개발구역 내 조합원들 간의 갈등관계가 어느 정도 봉합돼 본격적으로 사업 추진을 할 수 있는 주체가 확정됐다는 것을 의미한다. 투자자의 입장에서는 조합설립인가 단계에서 눈여겨 볼 점은 토지 등 소유자의 숫자, 조합설립인가를 위해 동의한 조합원의 비율 등이다. 기왕이면 정비사업조합을 결성하는 때에 75%의 동의율보다는 그 이상의 압도적으로 동의율을 받은 사업장일수록 더 좋다.

재개발·재건축 조합 집행부를 파악하는 것이 중요하다. 가령 지역 부동산에서는 해당 지역의 조합이 어떻게 해왔는지를 대부분 알 수 있다. 조합원을 관리하는 업무추진 대행사가 있다. 재개발·재건축은 얼마나 사업을 짧게 하는지가 핵심이다. 짧은 것과의 싸움이다. 집행부와 대의원이 얼마나 소통할 수 있고, 어떻게 행동하는지를 잘 파악해야 한다. 물론 집행부와 대의원의 성향을 겉으로는 파악하기 쉽지 않다. 하지만 그들이 어떤 활동을 해 왔는지를 보면 그 성향을 파악할 수 있다. 지자체는 조건을 달기 마련이다. 이를 집행부와 대의원이 어떻게 대처하느냐가 중요하다.

시공사 선정

조합설립인가를 받으면 조합총회에서 경쟁입찰의 방법으로 건설업자 또는 등록사업자를 시공자로 선정해야 한다. 재개발·재건축의 경우 조합 단독으로 시공을 할 수 없다. 시공자를 선정하기 위한 경쟁 입찰은 크게 일반경쟁입찰, 제한경쟁입찰 또는 지명경쟁입찰이 있다. 다만, 지명입찰의 방법은 조합원이 200명 이하인 정비사업으로 한정한다. 조합이 경쟁입찰의 방법으로 시공자를 선정하려고 했으나 미응찰 등의 사유로 인해 3회 이상 유찰된 경우에는 총회의 의결을 거쳐 수의계약할 수 있다.

시공사 선정을 위한 총회의 의결

시공사 선정 투표 전에 참여 건설사들에게 조합원들에게 설명할 수 있는 기회를 제공한다. 투표 당일에는 조합원 총수의 과반수 이상이 직접 참석해 의결해야 한다. 이 경우 정관이 정한 대리인이 참석한 때에는 직접 참여로 본다.

시공사 선정을 위한 조합원 총회의 의결로 선정된 시공사가 정당한 이유 없이 3월 이내에 계약을 체결하지 않으면 다시 총회의 의결을 거쳐 선정을 무효로 할 수 있다.

시공사의 시공보증

조합이 정비사업의 시행을 위해 시장, 군수 또는 주택공사 등이 아닌 자를 시공사로 선정한 경우 그 시공사는 공사의 시공보증을 위해 시공보증서를 조합에 제출해야 한다.

재개발·재건축 조합은 반드시 공동 파트너인 시공사와 사업을 진행해야 한다. 시공사가 선정되고 나면, 시공사 대여금의 영향으로 사업 진행에 가속도가 생긴다. 시공사 선정 과정에서는 종종 불미스러운 일도 생긴다. 또한 리스크의 부담으로 시공사들끼리 컨소시엄의 형태로 입찰하려고 한다. 컨소시엄의 형태는 다소 의사결정이 늦어질 수도 있다는 단점이 있다.

> **Tip 시공사**
>
> 시공사 선정을 위한 수주전에 들어가면 재개발 구역은 뜨겁게 달아오른다. 재개발 구역 내에 홍보관을 설치하고 적극적으로 홍보에 나서기도 한다. 왜 대형건설사는 재개발·재건축 수주에 사활을 걸까? 이는 기본적으로 재개발·재건축을 하는 지역이 각 지역 구도심 등 입지가 좋은 지역이기 때문이다. 예를 들어, 서울의 강남권에 진행되는 재개발·재건축은 건설사 입장에서 아주 매력적이다. 수익도 크고 홍보 효과도 노리는 일석이조의 효과를 본다. 앞으로의 주택 재개발 사업의 시공사 수주전은 건설회사가 제시하는 내용에 대해 조합원들 스스로가 꼼꼼하게 판단해 결정할 수 있는 분위기가 형성돼야 한다.

사업시행인가

조합이 설립되면 사업시행인가를 받아야 하므로 이를 신청해야 한다. 사업시행계획서 등을 작성해 신청한다. 계획서에는 토지이용계획, 정비기반시설 및 공동이용시설, 임시수용시설을 포함한 주민이주대책 등이 담겨 있어야 한다. 이후 교통영향평가, 환경영향평가, 재해영향평가, 건축심의, 문화재 심의, 미술장식품심의를 거쳐 인가가 내려진다. 문화재 심의는 공사 시 국가지정문화재 및 보호구역을 살펴 영향이 없는지 살피는 것을 말한다.

사업시행계획서의 작성

- 토지이용계획
- 정비기반시설 및 공동이용시설의 설치계획
- 임시수용시설을 포함한 주민이주대책
- 세입자의 주거주택, 임대주택의 건설계획
- 건축물의 높이 및 용적률 등에 관한 계획
- 폐기물 처리계획
- 사업시행자에게 무상으로 양여되는 국·공유지의 조서

사업시행인가의 효과

- 분양 신청기간 공고의무 발생
- 국·공유지의 용도폐지 및 감정평가 가격산정 기준일이 된다.

Tip
사업시행인가

조합설립 이후 사업시행 시까지는 1년여의 시간이 걸린다. 다만 소송 등 개발이 지연될 만한 문제가 발생한다면 그 기간이 늘어나는 경향도 보인다. 투자자 입장에서는 조합설립 이후 이 기간 내에서 사업이 지체된다면 업무 시행사 등을 통해 어떤 문제가 발생하고 있는가

를 파악할 필요가 있다. 보통 표면적인 이유보다는 더 본질적인 이유
로 사업 문제가 지연되는 경우가 있으니 이를 주의해야 한다.

조합원 분양 신청

통지 및 공고내용

분양신청서, 분양신청 기간 및 장소, 분양대상 대지 또는 건축물
의 내역, 분양을 신청하지 않은 자에 대한 조치 등을 통지 및 공고
한다.

분양신청기간

조합은 사업시행인가의 고시가 있은 날로부터 30일 이상 60일 이
내에 개략적인 부담금 내역 및 분양신청기간 등을 도지 등 소유자
에게 통지하고 분양의 대상이 되는 대지 또는 건축물의 내역 등을
해당 지역에서 발간하는 일간신문에 공고해야 한다(관리처분계획
의 수립에 지장이 없다고 판단하는 경우에는 분양신청기간을 20일의 범
위 내에서 연장할 수 있다).

전 소유자가 이미 분양신청을 했고 그 후 현 소유자가 전 소유자
로부터 토지의 소유권을 취득하였다면 전 소유자의 조합원으로서
의 지위는 현 소유자에게 승계·이전된다. 분양신청기간 내에 분양
신청을 하지 않을 경우에는 분양받을 의사가 없는 것으로 간주해
조합원의 지위를 박탈시킨다. 재건축의 경우에는 조합설립에 동의
하지 않으면 비조합원으로 간주해 매도청구소송을 진행한다. 그러

나 재개발사업은 재건축사업과는 달리 조합설립에 동의하지 않아도 강제조합원으로 편입이 된다.

이러한 강제조합원이 조합원 분양시기(평형배정 신청)에 분양신청을 하지 않으면 조합원의 지위가 박탈된다. 사업시행자는 조합원이 분양신청을 하지 않거나 분양신청을 철회한 자, 관리처분 계획에서 제외된 자에게는 관리처분 인가일로부터 90일 이내에 현금으로 정산해야 한다. 특히 경매로 재개발 물건을 구입하는 자는 분양 신청의 여부를 꼼꼼히 살펴볼 필요가 있다(조합에 문의해서 상황을 잘 파악해야 한다). 만약 잘못 낙찰을 받았을 경우는 득보다는 손실이 크다. 사업시행변경인가 시에는 재평형배정 신청을 한다.

Tip 조합원 분양 신청

기간 내에 분양신청을 하지 않는다면 현금으로 청산해야 한다고 법으로 명시돼 있다.

제47조(분양신청을 하지 아니한 자 등에 대한 조치) ①사업시행자는 분양신청을 하지 아니한 자, 분양신청기간 종료 이전에 분양신청을 철회한 자 또는 제48조에 따라 인가된 관리처분계획에 따라 분양대상에서 제외된 자에 대해서는 관리처분계획 인가를 받은 날의 다음 날로부터 90일 이내에 대통령령으로 정하는 절차에 따라 토지·건축물 또는 그 밖의 권리에 대하여 현금으로 청산하여야 한다. 〈개정 2012. 2. 1 / 2013. 12. 24〉

관리처분인가

인가가 내려지면 시공사 선정 후 관리처분계획을 인가 받아야 한다. 조합 정관에 따라 정해진 기준으로 각 건설사 등이 경쟁 입찰해 시공사를 선정한다. 관리처분계획이란 조합원이 출자한 재산권의 평가방법이다. 새로 건축된 건축물 및 대지 지분을 어떻게 분배하고, 취득할 건축물 및 대지지분을 어떻게 나눌 것인지 등의 내용을 담고 있다. 재건축 사업완료 후 부담해야 할 분담금 및 완료 후 정산 받을 금액은 어떻게 처분할지도 담겨 있어야 한다.

구청장이 이 계획서를 확인 후 인가 신청을 내주는데, 부족한 서류가 있거나 계획이 미비한 부분은 없는지 등을 살핀다. 이때 토지 등 소유자가 분양신청을 했거나 철회할 경우 해당 토지 및 건축물을 현금으로 청산해야 한다. 이 금액은 사업시행자와 소유자가 협의해 결정한다. 시장·군수가 추천하는 감정평가업자가 평가한 금액을 기준으로 삼는다.

관리처분계획까지 인가 받으면 착공 및 분양을 실시한다. 조합 정관에 정한 대로 감리자를 선정하고 철거에 들어간다. 철거를 할 경우에는 각 지자체 장에게 신고해야 한다. 사업시행자는 착공신고서를 제출하고 시공보증서를 제출한다. 허가를 받으면 공사에 착수하게 된다. 공사에 착수한 뒤 입주자를 모집할 때는 공개모집을 통해 조합원 할당 물량 외에는 일반분양을 해야 한다.

공사가 완료되면 사업시행자가 구청장에게 준공인가 신청을 한다. 구청장은 관리처분계획까지의 인가받은 내용대로 완료됐는지 확인 후 허가를 내린다. 준공인가가 떨어지면 사업시행자가 확정 측량 및 토지분할을 실시한다. 사업시행자는 조합원 및 일반분양 입주자에게 건축물 소유권을 이전해주게 된다. 이후 조합을 해산 하고 채무 및 잔여재산이 있을 경우 조합원에게 기존 구분소유권 에 비례해 배분해 처리할 수 있도록 한다.

이때 재건축 사업 시행으로 발생한 초과이익금이 커져 시행사와 재건축 조합 사이에 갈등이 일어나는 경우가 많다. 이익금 배분에 대한 계약 조건이 명확하더라도 예상보다 이익금이 커질 경우 당 초 계약 비율을 바꾸려는 소송이 발생하기도 한다.

'민법' 제280조(존속기간을 약정한 지상권)

① 계약으로 지상권의 존속기간을 정하는 경우에는 그 기간은 다 음 연한보다 단축하지 못한다.

　1. 석조, 석회조, 연와조 또는 이와 유사한 견고한 건물이나 수목 의 소유를 목적으로 하는 때에는 30년.

　2. 전호 이외의 건물의 소유를 목적으로 하는 때에는 15년.

　3. 건물 이외의 공작물의 소유를 목적으로 하는 때에는 5년.

② 전항의 기간보다 단축한 기간을 정한 때에는 전항의 기간까지 연장한다.

제281(존속 기간을 약정하지 않은 지상권)

① 계약으로 지상권의 존속기간을 정하지 않은 때에는 그 기간은 전조의 최단존속기간으로 한다.

②지상권 설정 당시에 공작물의 종류와 구조를 정하지 않은 때에는 지상권은 전조 제2호의 건물의 소유를 목적으로 한 것으로 본다.

제312조 제2항(전세권의 존속기간)

①전세권의 존속기간은 10년을 넘지 못한다. 당사자의 약정기간이 10년을 넘을 때에는 이를 10년으로 단축한다.

②건물에 대한 전세권의 존속기간을 1년 미만으로 정한 때에는 이를 1년으로 한다.

③전세권의 설정은 이를 갱신할 수 있다. 그 기간은 갱신한 날로부터 10년을 넘지 못한다.

④건물의 전세권설정자가 전세권의 존속기간 만료 전 6월부터 1월까지 사이에 전세권자에 대해 갱신거절의 통지 또는 조건을 변경하지 않으면 갱신하지 않는다는 뜻의 통지를 하지 않은 경우에는 그 기간이 만료된 때에 전전세권과 동일한 조건으로 다시 전세권을 설정한 것으로 본다. 이 경우 전세권의 존속기간은 그 정함이 없는 것으로 본다.

주택 임대차 보호법' 제4조 제1항(임대차기간 등)

① 기간을 정하지 아니하거나 2년 미만으로 정한 임대차는 그 기간을 2년으로 본다. 다만, 임차인은 2년 미만으로 정한 기간이 유효함을 주장할 수 있다.

② 임대차기간이 끝난 경우에도 임차인이 보증금을 반환받을 때까지는 임대차관계가 존속되는 것으로 본다.

상가건물 임대차 보호법, 제9조 제1항(임대차기간 등)

① 기간을 정하지 아니하거나 기간을 1년 미만으로 정한 임대차는 그 기간을 1년으로 본다. 다만, 임차인은 1년 미만으로 정한 기간이 유효함을 주장할 수 있다.

② 임대차가 종료한 경우에도 임차인이 보증금을 돌려받을 때까지는 임대차 관계는 존속하는 것으로 본다.

Tip

관리처분계획

관리처분계획을 수립하는 과정에서 본격적으로 돈의 문제를 다룬다. 그렇기 때문에 가장 중요한 문제이고, 이 문제를 잘 풀어내지 못하면 주택재개발 사업이 이 단계에서 파행으로 치닫거나 표류하게 된다. 관리처분계획은 앞으로 돈을 어떻게 집행할지에 대한 계획을 세우고, 그에 따라 조합원들이 납부해야 할 비용을 나누고, 들어오게 될 수입을 어떻게 분배해줄 것인지를 정하는 계획이다. 종후자산 감정평가에 따라 공동주택 및 부대복리시설의 조합원 분양가가 결정된다.

이주신청

사업시행자는 주택재개발사업의 시행으로 철거되는 주택의 소유자 또는 세입자에 대해 당해 정비구역 내·외에 소재한 임대주택 등의 시설에 임시로 거주하게 하거나 주택자금의 융자알선 등 임시수용에 상응하는 조치를 해야 한다(도시 및 주거환경 정비법 제36조 제1항). 감정평가금액 또는 권리가액의 약 50프로에서 60프로 정도를 주택의 소유자 등에게 이주비 형식으로 지급한다.

주거용 건축물의 소유자에 대해서는 해당 건축물에 대한 보상을 할 때, 가구원 수에 따라 2개월분의 주거이전비를 보상해야 한다. 다만, 건축물의 소유자가 해당 건축물 또는 공익사업시행 지구 내 타인의 건축물에 실제 거주하고 있지 아니하거나 해당 건축물이 무허가 건축물 등인 경우에는 그렇지 않다. 그리고 정비구역 지정에 따른 공고 공람일부터 계약체결일 또는 수용재결일까지 계속해서 거주하고 있는 세입자에게는 가구원 수에 따라 4개월분의 주거이전비가 지급된다.

주거이전비는 통계법 제3조 제3호에 따른 통계작성기관이 조사·발표하는 가계조사통계의 도시근로자가구의 가구원수별 월평균 명목 가계지출비(이하 '월평균 가계지출비'라 한다)를 기준으로 산정한다.

영업장소를 이전해야 하는 상가 세입자에게도 최대 4개월간의 영업손실을 보상한다. 또한 소유자에게는 이사비도 지급된다. 대부분의 조합에서는 소유자의 거주를 불문하고 지급하는 경우가 많다. 조합마다 지급하는 금액이 다르다. 보통 100만~500만 원 정도이며, 제세공과금 22%를 차감하고 지급하는 경우가 많다.

주택재건축사업은 공익사업의 성격을 띠는 주택재개발사업과는 달리 소유자 및 세입자에 대한 보상은 현재까지 법적으로 마련된 것은 없다. 시행령 제11조(정비구역의 지정을 위한 주민공람 등)에 따른 공람공고일부터 계약체결일 또는 수용재결일까지 계속해 거주하고 있지 않은 건축물의 소유자는 공익사업을 위한 토지 등의 취득 및 보상에 관한 법률 시행령 제40조 제3항 제2호에 따라 이주

대책 대상자에서 제외한다. 다만, 질병으로 인한 요양, 징집으로 인한 입영, 공무, 취학, 그밖에 이에 준하는 부득이한 사유로 인해 거주하지 않은 경우에는 그렇지 않다.

시행규칙 제9조 2(손실보상 등)에 따라 정비사업으로 인한 영업의 휴업 등에 대해 손실을 평가하는 경우 '공익사업을 위한 토지 등의 취득 및 보상에 관한 법률' 제47조 제1항에 따른 휴업기간은 4개월 이내로 한다. 다만, 다음의 어느 하나에 해당하는 경우에는 실제 휴업기간으로 하되, 그 휴업기간은 2년을 초과할 수 없다. 구역지정을 위한 공고·공람일 이전에 실제 영업을 하고 있어야 한다.

이주비 신청 순서

조합과 시공자의 이주계획 및 일정 협의-이주계획서 송부 → 이주비 지급에 따른 채권확보 방안 수립 → 이주비 대여 신청 및 근저당 설정 → 이주비 지급 → 이주비 분할 지급

Tip

이주신청

이주비는 재개발·재건축 시 조합원에게 지급되는 돈이다. 만일 입주가 이루어지면 돌려주는 금액이다. 중간에 조합원 입주권을 매매할 경우에도 승계하거나 반환해야 한다.

주거이전비는 공익사업의 손실 보상 중의 하나로 주거용 건물의 소유자 및 세입자에게 지급되는 돈이다. 이사비는 '공익사업을 위한 토지 등의 취득 및 보상에 관한 법률' 제78조 제5항 시행규칙 제55조 제2항에 있다. 이사할 때 가재도구 등 동산에 필요한 비용을 조합에

서 지원해 주는 금액이다. 지원을 해 주는 것이니 반환의 의무는 없다. 물론 재개발·재건축 모두 이사비가 꼭 나가는 것은 아니다. 소유주에게는 이사비가 나가는데 세입자에게는 원칙적으로 안 나간다. 따라서 얼마나 세입자가 들어가 있는지가 중요하고 그 지역에 거주하는 사람들의 성향이 변수다. 만일 장사하는 사람이 많다고 가정해 보자. 그런 사람들은 이전을 원하지 않아 버티는 경우도 많다. 이럴 경우 소송까지 간다고 본다. 이런 경우가 많아지면 사업이 지연될 수밖에 없다.

조합원 동·호수 추첨

이주가 완료되면 일반분양 전 조합원 동·호수 추첨을 한다(조합원 동호수 추첨이 끝나면 도시 및 주거환경정비법의 영향에서 벗어나 이때부터는 주택법의 적용을 받는다). 조합원 동·호수 추첨을 하지 않는 자는 현금청산자로 간주된다(이때 최종적으로 조합원의 지위는 박탈된다). 조합원이 조합원 평형배정 신청 마감일까지 평형배정 신청을 하지 않은 경우는 사전 현금청산자로서 1차 조합원의 지위가 박탈되고, 동·호수 추첨을 하지 않아 현금청산자로 분류되면 이 역시 2차 조합원의 지위가 박탈된다.

조합원 동·호수 추첨

조합원이라면 누구나 자신이 가장 좋은 물건을 배정받길 원한다. 하지만 모두에게 원하는 물건이 갈 수는 없고 주택을 공급하는 우선순위가 있다. 또한 몇 가지 규정에 따라야 한다. 보통 조합원 분양신청은 1순위, 2순위, 3순위로 평형을 지망한다. 일단 기준은 재개발 구역 내 종전자산이 큰 사람에게 기회가 좀 더 간다. 분양신청을 한 물건의 경합이 생기면 권리가액이 높은 사람에게 먼저 배정이 된다.

공개추첨 방식은 전산추첨을 하고 조합원이 수기로 동호수 추첨을 하기도 한다. 동호수 추첨 방식을 전산으로 할지, 수기로 할지는 보통 재개발 조합의 정관으로 정한다.

철거 및 착공

조합은 30일 이상의 기간을 정해 구체적인 철거계획을 미리 조합원 등에게 통지하고, 사업시행구역 안의 통신, 전기, 급수, 도시가스 시설 등 공급시설에 대해서는 당해 시설물관리권자와 협의해 철거 기간이나 방법 등을 따로 정한다.

건축물을 철거하는 경우 철거를 하기 전에 시장, 군수, 구청장 등에 7일 전까지 신고하며, 조합이 일괄 신고 가능하다(폐기물 배출, 비산먼지 발생, 특정공사 사전 신고 등 절차 이행). 조합은 착공 전 다음 사항을 이행하고 착공계를 제출한 후 공사를 착공해야 한다.

- 착공 전 이행사항: 재산평가, 국공유지 매수신청 및 매입, 조합

원 이주, 공사감리자[주택건설공사(건축, 토목 기계 설비·통신), 전기공사감리자, 소방 공사감리자] 지정 등

- 시공이행보증서 제출

> **Tip**
> ## 철거 및 착공
> 혹, 투자하려는 재개발 구역이 이주를 시작한 지 꽤 오랜 시간이 지났음에도 아직 재개발 협의 착공이 진행되지 않고 표류하고 있다면, 예상하는 총 투자금액보다 추가부담금이 더 발생할 수 있음을 감안하고 매입 희망단가를 조정할 필요가 있다. 2010년 이후 수도권 부동산 시장 침체기에, 재개발 구역의 이주와 맞물려 철거가 진행 중인 가운데 수년 간 사업이 표류했던 사업장의 조합원들은 추가로 발생한 비용을 추가부담금으로 납부해야 했고, 이 과정에서 견디지 못하고 청산을 택한 조합원들도 많이 있었다.

일반분양 신청

조합원에 공급하고 남는 초과분은 주택공급에 관한 규칙에 따라 분양하되 20세대 이상일 경우 일반에게 분양해야 하며, 만일 경우에는 임의 공급이 가능하다. 입주자 모집공고는 지역주민이 널리 볼 수 있는 일간신문 또는 해당 주택건설 지역의 거주자가 쉽게 접할 수 있는 일정한 장소에 게시·공고해야 한다.

일반분양

일반 분양이 진행되면 성공적인 분양을 위해 분양대행사에서 다양한 매체를 통해 광고를 하고, 실수요자나 분양권 투자자들이 관심을 갖는다. 이때 조합원 입주권 거래가 가장 활발해지기도 한다. 일반분양 청약에서 떨어진 실수요자나 분양권 투자자들 중에서 조합원 입주권에 관심을 보이는 사람이 있기 마련이다. 특히 입지와 환경이 우수한 단지들은 P(프리미엄)도 많이 붙는다.

준공인가

준공인가는 사업시행인가를 받아 건축한 건물이 인가 내용대로 이행되어 건축행정 목적에 적합한지 여부를 확인하고 준공인가증을 교부해 줌으로써 건물을 사용할 수 있도록 법률효과를 발생시키는 행정처분이다. 조합은 정비사업에 관한 공사를 완료한 때에는 대통령령이 정하는 방법 및 절차에 의해 시장·군수의 준공인가를 받아야 한다.

준공인가신청을 받은 시장·군수는 지체 없이 준공검사를 실시해야 한다. 이 경우 시장·군수는 효율적인 준공검사를 위해 필요한 때에는 관계행정기관·정부투자기관·연구기관, 그밖의 전문기관 또는 단체에 준공검사의 실시를 의뢰할 수 있다.

대통령령이 정하는 기준
• 완공된 건축물에 전기·수도·난방 및 상·하수도 시설 등이 갖추

어져 있어 당해 건축물을 사용하는 데 지장이 없어야 한다.

• 완공된 건축물이 법 제48조 제1항의 규정에 의해 인가받은 관리처분 계획에 적합해야 한다.

• 입주자가 공사에 따른 차량통행소음, 분진 등의 위해로부터 안전해야 한다.

이전고시

사업시행자는 준공인가의 규정에 의한 고시가 있는 경우에는 지체 없이 대지확정측량을 하고 토지의 분할절차를 거쳐 관리처분계획에 정한 사항을 분양받을 자에게 통지하고 대지 또는 건축물의 소유권을 이전해야 한다. 다만, 정비사업의 효율적인 추진을 위해 필요한 경우에는 당해 정비사업에 관한 공사가 전부 완료되기 전에 완공된 부분에 대해 준공인가를 받아 대지 또는 건축물별로 이를 분양받을 자에게 그 소유권을 이전할 수 있다.

조합 청산 및 해산

대지 또는 건축물을 분양받은 자가 종전에 소유하고 있던 토지는, 건축물의 가격과 분양받은 대지 또는 건축물의 가격 사이에 차이가 있는 경우에는 사업시행자는 이전의 고시가 있은 후에 그 차액에 상당하는 금액(이하 '청산금'이라 한다. 청산금=종후자산-권리가액, 권리가액, 권리가액=종전자산×비례율)을 분양받은 자로부터 징수하거나 분양받은 자에게 지급해야 한다.

다만, 정관 등에서 분할징수 및 분할지급에 대해 정하고 있거나 총회의 의결을 거쳐 따로 정한 경우에는 관리처분계획 인가 후부터 이전의 고시일까지 일정 기간별로 분할징수하거나 분할지급할 수 있다. 청산금을 납부할 자가 이를 납부하지 않은 경우 사업시행자는 시장·군수에게 청산금의 징수를 위탁할 수 있다.

청산금을 지급(분할지급을 포함) 받을 권리 또는 이를 징수할 권리는 이전의 고시일 다음날부터 5년간 행사하지 않으면 소멸한다. 정비사업을 시행하는 지역 내에 있는 토지 또는 건축물에 저당권을 설정한 권리자는 저당권이 설정된 토지 또는 건축물의 소유자가 지급받을 청산금에 대해 청산금을 지급하기 전 압류절차를 거쳐 저당권을 행사할 수 있다.

사업시행자는 이전고시 후 조합을 해산해야 하며, 조합 해산 후 청산 조합체제로 종전에 소유한 토지(또는 건축물)의 가격과 분양받은 대지(또는 건축시설)의 가격에 차이가 있을 때, 그 차액에 상당하는 금액을 징수 또는 지급하거나 조합의 채무 변제 및 채권 추심 등의 청산을 해야 한다.

'도시 및 주거환경 정비법' 파헤치기

도시기능의 회복이 필요하거나 주거환경이 불량한 지역을 계획적으로 정비하고 노후·불량 건축물을 효율적으로 개량하기 위하여 필요한 사항을 규정함으로써 도시환경을 개선하고 주거환경의 질을 높이는 데 이바지하는 법이 있다. 바로 '도시 및 주거환경 정비법'(도정법)이다.

이 도정법은 도시지역의 노후화되고 주거환경이 불량한 지역을 정비하기 위한 법으로 2002년에 제정됐다. 은평뉴타운만 하더라도 이 법 제정 이전부터 뉴타운의 그림이 그려졌으니 아직 법적인 체계가 완비되지 않았을 때이다.

당시 은평구 진관동 지역은 1971년 그린벨트 지정 이후 개발로부터 소외돼 급격히 슬럼화하면서 상태가 안 좋은 집들이 많았다. 그래서 그린벨트를 풀어서 이 집들을 밀어버리고 주변까지 묶어서 도시 재개발 사업을 하게 되었다. 은평뉴타운은 절반의 성공이었다. 소형 평수의 아파트는 분양이 성공했지만 중대형 아파트는 개발이 사실상 완료된 2012년 이후부터 4년이 넘도록 미분양됐을 정도다. 그런 결과를 보며 재개발 사업이 장밋빛만은 아니란 것을 체험적으로 느꼈다. 이 과정을 통해서 재개발은 법적인 제도가 뒷받침돼야 한다는 필요성이 크게 대두됐다. 이것이 바로 도정법이다.

서울시의 '주거환경정비기본계획'의 숨은 뜻

이제 서울시를 비롯한 전국의 재개발 사업은 더욱 진화 발전해 오고 있다. 서울시는 과거 재개발 패러다임을 탈피하여 개발과 보존·재생이 공존하는 주택재개발 사업방식을 새롭게 도입하고 있다. 기존의 무조건 전면철거 후 다시 짓는 획일적 방식과 달리 열악한 기반시설과 노후 건축물이 밀집한 지역의 주거환경을 종합적으로 개선하는 주택재개발사업(주택정비형 재개발사업)을 추진하고 있다.

2019년 5월 서울시는 '2030 서울시 주거환경정비기본계획(이하 2030서울플랜)' 수립에 착수하고, 2021년 상반기 중 마무리하려고 한다.

'주거환경정비기본계획'은 도시환경을 개선하고 주거생활의 질을 높이기 위해 도정법에 따라 수립하는 도시계획이다. 10년 단위로 수립하고 5년마다 타당성 여부를 검토해 기본계획에 반영한다.

현재 주택정비형 재개발사업은 '주거환경정비기본계획'에 따라 '주거환경평가지표'(주거환경의 안전성·편리성·쾌적성 등)와 '주거

정비지수'(주거지 정비의 필요성)를 통해 정비구역 지정과 사업추진
여부가 결정된다. 과거 정비예정구역 지정 후 일괄 재개발을 추진
했던 방식에서 전환한 것으로, 정비구역 지정 단계부터 신중을 기
하고 지정된 정비구역은 신속하게 추진하기 위한 취지이다.

 '2030 서울시 주거환경정비기본계획' 수립은 주택재개발 정비
사업이 활성화되고 소수의 의견도 존중받는, 사람 중심의 주거문
화 환경 조성에 기여한다는 취지를 담고 있다.

PART 3

재개발·재건축의
사업성 분석

사업성 분석의 틀을 알아라

재개발 사업은 기존의 주택을 부수고, 아파트와 부대복리시설을 짓는 사업이다. 이렇게 지은 후 조합원에게 먼저 공급하고 남는 물량은 일반분양을 통해 판매한다. 이 과정에서 수입이 생긴다.

반면 집을 짓기 위해서는 각종 공사비를 포함해 보상비, 기타 사업비 등의 비용이 발생하게 된다. 이처럼 들어오는 수입에서 나가는 비용을 제하면 재개발 사업을 통해 얻게 될 개발이익이 추산된다. 이를 그림으로 나타내 보자.

재개발 사업성 분석 틀

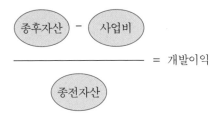

사업비(직간접공사비/보상비/기타사업비)

종전자산(사업에 참여한 조합원들의 모든 재산들)

조합원들의 모든 재산을 가리키는 종전자산은 재개발 사업에 참여해 비용과 수익을 부담하고자 하는 조합원들의 토지 및 건축물의 가격만 해당된다. 만일 재개발 구역 내에 사유지가 다수일 경우 도로, 공원 등 국가가 소유한 국공유지와 재개발 사업 이후 기부채납할 국공유지 면적을 비교해 일부는 조합이 무상양도 받고, 사안에 따라서는 조합이 매입하게 된다.

종후자산(조합원아파트/일반분아파트/조합원상가/일반분상가/임대아파트)

일반 재개발 사업에서의 종후자산은 크게 아파트, 상가, 임대아파트로 구분해 이를 매각해 수입이 발생한다. 아파트와 상가는 법과 조례, 조합의 정관에서 정한 규칙에 따라 조합원에게 우선적으로 공급된다. 나머지는 일반에 분양돼 수입이 잡힌다. 아파트 일반분양분에 대한 수입 추산액은 관치처분단계에서 얼마에 일반분양을 할지 개략적으로 추정을 해 수입을 추산하게 된다.

사업비(비용)

아파트를 짓는 데 들어가는 공사비 범주에 포함될 수 있는 부분을 직간접 공사비라고 한다. 가장 많이 들어가는 비용은 건축물을 짓는 데 들어가는 건축시설 공사비겠지만, 재개발 사업의 경우 정비기반시설을 설치하기 위한 공사비도 많이 들어가는 편이며, 재개발 사업에 따라 조합원들에게 지급되는 이주비대여금에 대한 이자도 일반적으로 간접공사비에 포함시켜 계산한다.

한편 재개발 구역 토지 등 소유자 중에서 재개발 사업에 참여하지 않아 조합에 땅을 팔고 나가려는 사람도 있다. 이들을 청산자라고 하는데, 청산자의 토지를 구입하려면 조합이 보상을 해주는 데 비용이 필요하다. 또한 재개발 구역 내에는 국가가 소유하고 있는 국공유지들이 많이 있는데, 이들 토지 중에서도 조합이 매입해야 하는 토지들이 있다. 재개발사업의 경우 세입자들에 대한 주거이전비나, 상가세입자에 대한 영업보상비 등의 비용도 발생하게 되는데 적지 않은 금액의 비용이 지출된다.

감정평가액 계산법

재개발 투자를 고민하다 보면 끌리는 매물이 있다. 이때 보이지 않지만 재개발 투자의 성패를 좌우하는 개념이 있다. 바로 감정평가액이다. 정식 명칭은 '종전자산평가금액'이다. 투자자 입장에서 감정평가액은 중요하다. 감정평가액이 높게 나오면 나중에 분담금이 줄어들기 때문에 감정평가액 예측은 재개발 투자의 키포인트이다.

감정평가액이 나오는 과정

보통 감정평가는 감정평가 기관의 산술평균으로 가격을 산정한다. 감정평가는 소유자의 주관적인 판단과 다를 수 있다. 일반적인 감정평가는 시 개발이익 배제, 나지상정 평가, 원가법, 거래사례비교법, 수익환원법 등을 적용한다. 조합설립부터 사업시행인가까지는 정비기반시설의 무상양도·양수평가, 매도청구소송 목적의 감정평가를 하고, 사업시행인가부터 관리처분계획까지는 종전자산평가, 종후자산평가, 국·공유지 처분평가, 보상평가를 한다.

감정평가 관련 법률

- 부동산 가격공시 및 감정평가에 관한 법률
- 공익사업을 위한 토지 등의 취득 및 보상에 관한 법률
- 감정평가에 관한 규칙

만일 조합원이 보상가격에 불만 또는 이의가 있어 보상계약이 체결되지 않을 경우에는 행정소송 등 최종 절차까지 총 4번에 걸쳐 감정평가를 받을 수 있다.

- 사업시행인가 후 보상액을 정하는 1차 감정평가
- 수용재결(일단 공탁) 신청하는 2차 감정평가(지방토지수용위원회)
- 이의재결 신청하는 3차 감정평가(중앙토지수용위원회)
- 행정소송 시 4차 감정평가(법원)

주변 거래 사례와 비교해 평가

아파트나 빌라 등 집합건물의 경우에는 '거래 사례 비교법'을 쓴다. 이 방법은 구역 인근에서 실제 거래된 사례와 비교해 가치를 평가하는 방법이다. 가령 바로 옆 동의 동일평형 빌라가 근래 들어 2억 5천만 원에 매매됐다면 자신의 빌라도 2억 5천만 원 정도로 감정

평가가 될 가능성이 크다.

실제 재개발·재건축 사업에서는 주변 시세보다 감정평가액이 낮게 평가되기도 한다. 최근에 나온 감정평가를 보면, 구역 인근의 유사한 물건의 매매가격과 전세가격의 중간 정도로 감정평가가 이뤄진다.

반면 단독·다가구 주택의 감정평가액은 토지의 가치와 건물의 가치를 각각 평가한 후 합산해서 결정한다.

단독주택 감정평가액 = 토지 감정평가액 + 건물 감정평가액

그중에서 토지는 표준지 공시지가를 기준으로 삼은 뒤에 각 토지마다 개별 요인을 적용해서 평가한다. 표준지보다 우위에 있는 땅이라면 표준지 공시지가보다 높게, 그 반대라면 낮게 평가된다.

토지 감정평가액
= 표준지 공시지가 × 지역 및 개별요인 × 그 밖의 요인

감정평가의 구체적인 평가방법

비교표준지의 선정

비교표준지공시 지가를 기준으로 평가하되, 인근의 유사한 지역 중 재개발 구역이 아닌 지역의 거래시세와 다른 재개발구역의 평가금액 등을 참작해 평가한다. 사업시행인가 고시일에 가장 근접

한 시점에 공시된 공시지가를 선정해야 한다. 토지가격은 도로 형상, 경사도, 이용가치에 따라 가격의 차이가 크며, 가격수준은 개별 공지 시가보다 높다.

시점수정

일반적으로 지가변동률을 적용한다. 국토계획법상 도시지역인 경우 용도지역별 지가변동률을 적용한다(평가대상 토지가 소재하는 시·군·구의 지가변동률).

개별요인 비교

지형, 지세 등을 비교해 평가한다.

지역요인 비교

도심지 외곽지역을 제외하고는 도심지 내 지역요인은 같다고 보면 된다.

기타요인 보정

관계법령에 의한 토지의 사용·처분 등의 제한, 도시관리계획의 결정·변경 또는 도시계획의 시행, 공익사업의 시행이나 공공시설의 정비, 은행 등 금융기관 이자율의 변동, 기타 지가에 영향을 미치는 사항 등이다.

보상선례의 참작

인근지역 또는 동일수급권 안의 유사지역에 있는 것으로써 평가대상 토지와 유사한 이용상황의 토지에 대한 최근 2년 이내의 보상선례가 있을 시 그 보상선례를 참작한다.

토지 보상감정평가의 실례

서울 삼성구 삼성동 1-1번지 토지의 평가(m^2)

표준지공시지가 × 시점수정 × 지역요인비교 × 개별요인비교 × 기타요인비교

850,000원 × 1.00152 × 1.00 × 0.980 × 1.30 = 1,080,000원

비례율의 모든 것

재개발·재건축 투자는 새로 지을 아파트를 일반분양가보다도 저렴한 조합원분양가에 분양받아 시세 차익을 받는 투자 방식이다. 이때의 투자금은 당장 준비해야 할 P(프리미엄)뿐만 아니라 나중에 조합원 분양을 받기 위해서 내야 할 분담금까지 포함해야 한다. 집단대출을 활용하든, 본인의 자금력을 동원하든 추후 분담금을 감당할 여력이 되는지도 중요하다. 따라서 재개발·재건축 투자의 핵심은 바로 이 P와 분담금을 예측하는 것에 있다고 봐도 과한 이야기는 아니다. 이때 중요한 요소가 비례율이다.

재개발 구역의 개발이익은 비례율에 달려

비례율에 대한 이해는 재개발 사업방식의 이해라고 해야 한다. 재개발구역의 개발이익을 나타내는 수치라고 보면 되고, 권리가액을 정하는 중요한 요인으로 해석해야 한다. 비례율이 100%면 본전, 비례율이 100%보다 적으면 손해, 비례율이 100%보다 크면 이익으로 간단하게 생각하면 된다. 비례율이 너무 낮으면 조합의 업무 능력이 도마 위에 오를 것이고, 비례율이 너무 높으면 조합 입장에서는 조합의 법인세 납부도 신경을 써야 한다.

사업시행인가 후 평형배정 시 통지하는 비례율은 개략적인 비례율이라고 봐야 한다. 항상 몇 개의 비례율 테이블을 설정해놓고 조합원 분양 평형 신청을 받는다. 이러한 개략적인 비례율은 관리처분계획인가 시 확정된다고 봐야 한다. 개략적인 분담금(환급금)의 산출은 인근지역에서 조사된 가격을 참조해 작성하고, 추후 분양신청 등이 완료되고 나면 관리처분계획안을 수립해 조합원 개별 분담금을 산출한 후 관리처분계획 총회 전에 주로 통지한다.

비례율을 구하는 공식은 다음과 같이 정리할 수 있다.

비례율 = (종후자산 평가액 − 총사업비) / 종전자산평가액 × 100

위 공식을 알면 종후자산평가액이 클수록, 총사업비가 적을수록, 종전자산평가액이 적을수록 비례율이 높아진다는 것을 알 수 있다.

종후자산평가액 : 사업이 완료되고 난 후에 조합이 얻게 될 총수입. 조합원분양과 일반분양 수입을 모두 합한 것.

종전사업평가액 : 조합이 종전에 가지고 있던 자산의 총합. 즉 사업이 진행되기 전에 조합원들이 가지고 있었던 토지나 건축물 등 부동산의 가격을 모두 합한 것. 종전자산을 평가하는 절차가 감정평가.

비례율이 높으면 조합 수익 증가

재개발 사업을 통해 얼마나 수익이 발생할 것인가를 비례율을 갖고 판단해야 한다고 이야기했지만 실제로 재개발 투자자가 완벽하게 이 개념을 이해한다는 것이 그리 쉬운 일은 아니다. 비례율을 쉽게 이해하기 위해서 사례를 들어보자.

종전자산가액이 1,000억 원이고 공사비가 1,000억 원이며 사업 후 종후자산가액이 2,000억 원이라면 비례율은 100%라고 한다. 조합 자산 1,000억 원으로 1,000억 원의 공사를 들여 사업을 했는데 종후자산은 2,000억 원이라는 말이다. 따라서 조합자산은 그대로인 1,000억 원이다.

그런데 종전자산가액이 1,000억 원이고 공사비가 1,000억 원이며 사업 후 종후자산가액이 2,200억 원이 되었다면 비례율은 120%가 된다. 조합자산 1,000억 원으로 공사비 1,000억 원을 제하고 자산이 1,200억 원이 된 것이다(200억 원이 수익으로 남았다).

비례율은 사업이 진행되는 상황에 따라 변동이 될 수 있다. 그러니 만약 사업초기라면 참고만 해야 한다. 또한 비례율이 100%

가 넘으면 법인세를 납부해야 하므로 조합은 가능하면 비례율을 100%에 맞추려고 하는 경향도 있음을 참고해 두기 바란다.

이상 제시했듯이 비례율은 총사업비, 종전자산평가액, 조합원분양가, 일반분양가 등에 따라서 얼마든지 변동이 될 수 있다. 그러니 참고만 하고 절대치로 믿지는 말아야 한다.

사업책자에 나오는 항목과 수치로 지금 진행되고 있는 재개발·재건축 사업의 비례율이 앞으로 높아질 것인지, 낮아질 것인지 예상해 사업성을 판단할 수 있다. 또한 비례율이 낮아져서 추가부담금이 나올지, 또는 높아져서 분담금이 적어질지도 읽어낼 수 있다.

분담금의 쉬운 이해

분담금은 조합원분양가에서 권리가액을 제외한 금액이다. 조합원 분양가가 권리가액보다 많다면 그 차액만큼 분담금을 납부해야 되고, 조합원분양가가 권리가액보다 적다면 그 차액만큼 분담금을 환급 받는다.

　　분담금 = 조합원분양가 - 권리가액

① 분담금을 납부하는 경우
감정평가금액이 1억 원인 소유자 갑이 있다. 이 구역의 비례율이 100%라고 했을 때 갑의 권리가액은 1억 원이다.

　　감정가1억 원 x 비례율 100% = 권리가액 1억 원

갑은 사업 후 조합원분양가 2억 원의 아파트에 입주하기 위해서는 1억 원을 분담금으로 납부해야 한다.

신축아파트 분양가 2억 원 - 갑의 권리가액 1억 원 = 분담금 1억 원

만약 비례율이 120%라면 갑은 8천만 원만 분담금으로 납부하면 된다.

갑의 권리가액 : 감정가 1억 원 비례율 120% = 1억 2천만 원
(신축아파트 분양가 2억 원 - 갑의 권리가액 1.2억 원 = 분담금 8천만 원)

② 분담금을 수령하는 경우

을은 권리가액이 3억 원이다. 권리가액이 분양받을 아파트의 분양가보다 더 크다면 을은 그 차액만큼 돌려받게 된다. 을의 권리가액은 3억 원이고 분양신청을 한 아파트의 조합원분양가가 2억 원이라면 을은 1억 원만큼을 돌려받게 된다.

신축아파트 분양가 2억 원 - 을의 권리가액 3억 원 = 분담금 -1억 원

평균권리가액의 개념을 알자

재개발 투자를 하다 보면 '이 지역은 감정평가가 높게 나왔다'거나 '너무 낮게 나왔다'는 이야기가 나온다. 이때의 감정평가가 '감정평가액'이다. 정식 명칭은 앞서 나왔던 개념인 '종전자산평가금액'이다. 조합원 개개인의 감정평가액은 기존에 가지고 있던 부동산 하나의 가치지만 조합전체의 감정평가액은 조합원 개개인의 감정평가액을 합한 금액이다.

이러한 감정평가액은 권리가액과는 다른 개념이다. 사례를 들어보자.

지금 당신의 손에 2만 원의 현금이 있다고 가정하자. 이 현금으로 A상점에 가니 쌀 8kg을 살 수 있고, B상점에 가면 10kg를 살 수 있다. 당신이 갖고 있는 현금은 2만 원이지만 A상점보다는 B상점에 갔을 때 같은 돈이지만 더 가치가 있다고 볼 수 있다. 2만 원은 감정평가액이고 2만 원으로 살 수 있는 쌀의 양은 권리가액과 같다.

이처럼 감정평가액이 같아도 사업장의 사업성이 좋으냐, 나쁘냐에 따라 권리가액이 달라진다. 여기서 주목할 것이 '비례율'이다. 권리가액은 감정평가액에 비례율을 곱해서 산출된다.

권리가액 = 감정평가액 × 비례율

이 공식에 따르면 사업성이 좋을수록, 즉 비례율이 높을수록 권리가액도 커지므로 조합원에게 유리하다. 반대로 사업성이 나쁠수록, 즉 비례율이 낮을수록 권리가액도 작아지므로 조합원에게 불리하다.

가령 A구역의 감정평가금액이 1억 원이고 비례율이 100%라면 1억 원×100%=1억 원이다. 여기에서 나온 결과값 1억원을 권리가액이라고 한다. B구역의 감정평가금액이 1억 원이고 비례율이 120%라면 1억 원×120%-1.2억 원이 권리가액이다

비례율이 높아서 권리가액이 많다면 분담금이 줄어들어 이익으로 돌아온다. 투자구역을 찾을 때 다른 조건이 비슷하다면 비례율이 높은 구역이 좋다. 따라서 투자구역의 비례율은 반드시 알아야 한다.

다시 정리해 보자.

평균 권리가액이란 그 재개발 구역의 정비사업에 참여한 조합원

들의 토지 1평에 녹아 있는 개발이익의 가액이다. 그 재개발 구역 내 딱 평균에 위치한 조합원이 종전자산 1평당 행사할 수 있을 것으로 추정되는 가치이다.

PART 4

재개발·재건축 체크리스트

좋은 사업성과 나쁜 사업성을 구별하라

재개발·재건축은 사업성이 성패를 좌우한다. 재개발은 쉬운 투자 방법이 아니다. 중요한 것은 직접 재개발 구역의 사업 환경을 확인해야 한다는 점이다. 만일 구역지정이 난 곳이라면 정비계획을 살펴 전체 건립 세대수, 용적률을 확인하고, 정비구역 내 토지 등 소유자의 규모를 확인해서 일반분양이 얼마나 될 것인지를 판단해야한다. 이밖에 조합에서 발행하는 책자 등을 통해서도 사업성을 파악할 수 있다. 각 항목이 다소 이해하기 어렵더라도 책자의 내용을 숙지해야 사업성에 접근할 수 있다. 항목을 중심으로 살펴보자.

조합사업 책자

사업성을 파악하는 방법 중의 하나가 조합창립총회 책자나 관리처분계획 책자를 살펴보는 것으로, 정비사업비 추산액 등이 나와 있어 사업성을 유추해 볼 수 있다. 다양한 항목 중에 금액도 봐야겠지만 항목이 차지하는 비율을 살펴보는 것도 중요하다. 각 항목의 개요를 살펴보자.

공사비

공사비는 아파트를 새로 지을 때 드는 큰 비용 중 하나이다. 철거에서부터 토지의 토목공사, 주택의 주거공간과 각종 부대시설을 짓는 데 들어가는 모든 비용이 여기에 해당된다. 여기서는 전체 공사비를 한번 살펴보고, 그 다음에 평당 공사비 또는 평당 시공비에 주목하면 된다. 평당 공사비로 재건축 또는 재개발 사업 전체의 총사업비를 추정할 수 있다.

보상비

보상비는 조합원 자격이 안 되거나, 조합원 분양을 받지 않으려는 사람들에게 보상으로 주는 현금청산금이다. 여기에는 현금청산금 외에도 기존 주택에 임차하여 살고 있는 세입자의 주거이전비, 상가의 영업보상비도 포함이 된다.

재개발 사업은 '공익사업을 위한 토지 등의 취득 및 보상에 관한 법률'을 근거로 강제 수용을 하게 되어 세입자 주거이전비와 상가 영업보상비를, 재건축에서는 부동산을 협의매수나 매도청구소송으로 매입하게 된다. 이 자금은 조합이 순수하게 시공사 또는 은행으로부터 빌려서 충당하니, 이 보상비의 금액이 클수록 금융비용이 그만큼 더 많이 나가게 되는 것이다.

공과금

이 공과금 항목에서 제일 주목해서 볼 부분은 법인세 항목이다. 조합은 법인이고, 법인이 수익을 만들어내면 법인세를 꼭 내야 하기 때문이다. 사업성이 있는지 없는지 판단할 수 있는 대표적인 지표 중 하나가 '비례율'이다. 이 비례율이 100%를 넘게 되면 수익이 나는 사업이라는 뜻이다. 그래서 조합은 100%가 넘는 수익부분에 대해서 법인세를 내야 한다. 그러니 사업책자에 나타난 법인세가 높게 잡혀 있다면 조합이 '비례율이 높을 것'이라 추산한다는 의미라서 사업성이 있다는 뜻으로 보면 된다.

금융비용

재건축·재개발을 하게 되면 조합은 많은 자금을 빌려서 진행하게 된다. 사업의 후반부인 일반분양으로 분양수익을 내기까지는 이렇게 차입금으로 운영하는데, 여기서 조합이 내게 되는 이주비에 대한 금융비용과 시공사나 은행에서 빌린 대여금의 이자비용을 금융비용이라 한다. 이주비의 경우 조합원의 입장에서는 무상으로 대여를 받게 되는데, 이는 조합이 그 이자비용을 대신 내기 때문이다. 이것이 이주비 금융비용이다. 그리고 사업이 진행되면서 들어가게 되는 각종 부대비용에 대한 차입금의 이자비용이 대여금 금융비용이다.

예비비

예비비는 사업을 진행하며 뜻하지 않은 추가비용이 발생할 때를 대비하기 위해 비축해 놓은 예산이다. 보통은 총사업비의 1%를 예비비로 두고 있다. 여기서 예비비가 눈에 띄게 높게 잡혀 있다면, 예상치 못한 추가비용이 발생해도 예비비에서 충당할 수 있다는 뜻이고, 이는 그만큼 비례율이 떨어질 확률이 적다고 볼 수 있다.

미분양 대책비

기타사업비 항목 중에 미분양대책비가 있다. 이것은 추후에 미분양이 생겼을 때를 대비해서 중도금 이자 후불제 또는 중도금 무이자, 일반분양가 인하 등 여러 가지 대책을 취하도록 준비해 놓은 비용이다. 이 비용은 필수로 넣어야 하는 항목은 아니라서 사업성이 좋은 곳이라면 굳이 미분양 대책비를 책정하지 않는다. 하지만 이 비용항목이 들어 있다면 비례율이 떨어질 확률이 적다고 보면 된다.

이주촉진비

이주촉진비는 이주기한 내에 이주를 끝낸 조합원에게 지급하는 이사비다. 이것도 필수항목은 아니라서 사업성이 안 좋은 곳은 이주촉진비를 만들어 놓지 않는 곳도 많이 있다.

수입추산액

수입추산액은 진행되고 있는 재건축 개재발 사업으로 예상되는 수입을 추산해 놓은 금액이다. 이것은 조합원분양 수입과 일반분양 수입을 모두 추정하여 나온 것이다. 조합원분양가는 재개발·재건축 사업과정상 관리처분계획 단계에서 확정이 된다. 하지만 일반분양가는 실제 일반분양이 되고 나서야 시장상황에 따라 결정이 되므로 관리처분계획 단계에서는 어디까지나 추정금액일 뿐이다.

입지 등에서 성패가 나는 일반분양

재개발 투자에서 눈여겨봐야 할 점이 일반분양 영역이다. 이때 중요한 것이 일반분양 가격이다. 일반분양 가격은 입지가 결정한다. 서울의 강남 등은 재개발·재건축에서 일반분양가가 가장 높은 곳으로 예상되는 지역이다. 서울 강남에 짓건, 지방 도시에 아파트를 짓건 자재의 수준이 비슷하다면 공사비의 차이는 없다. 결국 분양 가격의 차이는 아파트가 공급되는 지역, 입지, 브랜드, 단지의 규모 등에서 판명된다.

일반 분양가는 주변의 아파트 시세에 큰 영향을 받는다. 따라서 재개발·재건축의 분양시기에 부동산이 대세 하락장인지, 대세 상승장인지에 따라 일반분양가가 요동치곤 한다. 2018년 9·13대책 이후 부동산이 주춤하는 사이 재개발·재건축 시장도 크게 영향을 받았다. 실제로 2019년 들어서 서울 지역에서도 미분양이 나타나는 등 일반분양은 부동산 시장과 밀접한 관계를 맺는다.

최고의 시공사를 찾아라

사업시행인가를 통해 어떻게 아파트를 지을 것인가를 결정하면 그다음 단계는 시공사를 찾는 일이 남는다. 건설사는 많기에 조합원들은 도대체 어떤 기준을 갖고 시공사를 선정할 것인지를 놓고 고심할 수밖에 없다.

시공사 선정 기준

조합 설립인가를 받고 나면 조합총회에서 경쟁 입찰의 방법으로 건설업자 또는 등록사업자를 시공사로 선정해야 한다. 재개발·재건축의 경우에는 조합 단독으로 시공을 할 수 없으므로 반드시 건설업자 등을 시공사로 참여시켜 사업을 진행한다. 시공사를 선정하기 위한 경쟁입찰은 크게 일반경쟁입찰, 제한경쟁입찰 또는 지명경쟁입찰이 있다. 다만, 지명경쟁입찰의 방법은 조합원이 200명

이하인 정비사업으로 한정한다.

조합이 경쟁입찰의 방법으로 시공사를 선정하려고 하였으나 미응찰 등의 사유로 인해 3회 이상 유찰된 경우에는 총회의 의결을 거쳐 수의계약할 수 있다. 조합원이 100명 이하 규모의 정비사업의 경우에는 조합총회에서 정관으로 정하는 바에 따라 선정할 수 있다

일반경쟁입찰: 입찰참가 신청자의 자격제한 없이 최소 2인 이상의 입찰참가 신청이 가능하다.

제한경쟁에 의한 입찰: 건설업자 등의 자격을 시공능력평가액, 신용평가등급(회사채 기준 해당 공사와 같은 종류의 공사실적. 그밖에 조합의 신청으로 시장 군수, 구청장이 따로 인정한 것으로만 제한할 수 있으며, 5인 이상의 입찰참가 신청이 있어야 한다. 이 경우 공동참여의 경우에는 1인으로 본다. 자격을 제한하고자 하는 경우에는 대의원회의 의결을 거쳐야 한다.

지명 경쟁에 의한 입찰: 지명경쟁에 의한 입찰에 부치고자 할 때에는 5인 이상의 입찰 대상자를 지명해 3인 이상의 입찰참가 신청이 있어야 한다.

조합은 시공자 선정을 위해 입찰에 부치고자 할 때에는 현장설명회 개최일로부터 7일 전에 1회 이상 전국 또는 해당 지방을 주된 보급지역으로 하는 일간신문에 공고해야 한다. 다만 지명경쟁에 의한 입찰의 경우에는 현장설명회 개최일로부터 7일 전에 내용증

명우편으로 발송해야 한다.

시공사 선정을 위한 총회의 의결

시공사 선정 투표 전에 참여 건설사들에게 조합원을 대상으로 설명할 수 있는 기회를 제공한다. 투표 당일에는 조합원 총수의 과반수 이상이 직접 참석해 의결해야 한다. 이 경우 정관이 정한 대리인이 참석한 때에는 직접 참여로 본다.(보통의 경우 대리인은 직계존비속에 한하는 경우가 대부분이며, 조합원이 외국에 거주 중일 경우에는 미리 조합에 통보한 대리인을 대리인으로 본다.)

개인 사정 등의 이유로 참석이 어려운 경우에는 서면으로 의결권을 행사할 수 있으나, 직접 참석자의 수에는 포함되지 않는다. 시공사 선정을 위한 조합원 총회의 의결로 선정된 시공자가 정당한 이유 없이 3개월 이내에 계약을 체결하지 않으면 다시 총회의 의결을 거쳐 당해 선정을 무효로 할 수 있다.

조합과 시공사의 분쟁도 발생

시공사 수주전에 참여하는 건설사들은 개별 조합원을 일대일로 마크하면서 적극적으로 들이대는 편이다. 그러다 보면 시공사들이 경쟁적인 상황에서 불필요한 비용이 집행된다는 느낌도 받는데, 사실 이는 조합원들이 건설회사에 지급하는 공사비에 반영되기 마련이다.

일부 조합사와 시공사 간의 아파트 건설 과정에서 나오는 분쟁도 만만치 않다. 2018년 말 지인으로부터 어떤 고민을 듣게 됐다. 지방의 한 재건축 조합아파트 시공사가 일부 세대의 현관문에 철근을 설치해 입주를 막는 등 시공사와 입주예정자 간의 갈등이 심화되고 있다는 것.

재건축조합으로부터 분양대행을 위임받은 시공사는 계약해지를 통보한 세대의 열쇠를 회수하고, 전기와 수도 등 공급을 끊어 해당 세대가 이삿짐을 들이지 못하도록 했다. 또 해당 세대의 현관문에 철근을 용접해 입주예정자들의 출입을 막았다.

시공사 측은 입주자 측의 일부 세대가 부실시공 등 비방으로 아파트 재산 가치를 하락시켰고, 과도한 민원 제기로 사용승인을 지연시켰다며 계약해지 이유를 제시했다. 반면 조합원 측은 입주예정 사전점검 과정에서 아파트 시공이 최초 설계와 다르게 시공사의 무단 설계 변경과 부실시공 등을 문제 삼았고, 구청의 사용승인이 보류되면서 갈등이 심화됐다. 이러한 분쟁을 겪기 전에 조합원들은 시공사의 신뢰성도 한번 체크하면서 가장 적격인 시공사를 찾는 과정이 필요한 것이다.

시공사와 협상의 결과, 지분제와 도급제

도급제와 지분제는 모두 시공사와의 건설계약을 맺는 것으로 이뤄진다. 도급제는 일반적인 건축공사의 발주방식으로서 건축물 평당 공사비를 정하여 공사계약을 체결하는 것을 말하고, 사업이 진행되는 도중에 물가상승이나 설계변경 등 공사비 증가요인이 있을 경우 조합원의 추가분담금이 있게 된다.

　이러한 도급제는 건축 공사의 진행속도가 빠르다는 점과 시공회사는 공사비만 받게 되고 나머지 개발이익은 조합원에게 돌아간다는 장점이 있으나, 조합원들은 재개발·재건축 사업이 종료돼 개발이익이 현실화되기 전에 수차례에 걸쳐 건축 공사비를 지급해야 하기 때문에 금전적인 부담이 따르게 된다. 또한 공사비 상승에 따른 추가 비용을 부담하지 않는 경우 부실공사가 될 우려가 있다는 단점이 있다.

　반면 지분제는 조합원의 소유토지 또는 건축면적에 따라 일정비율의 아파트 면적(무상지분율)을 조합원에게 제공하고 잔여주택과 상가, 복리시설 등은 매각해 공사비에 충당하는 방식을 말한다. 이를 대물보상제도라고도 한다. 이러한 확정지분제는 조합원 무상지분율을 계약 당시에 고정해 조합원들에게 개발이익을 보장하는 대신 사업 결과에 따른 추가 개발이익이 있으면 시공사에 전부 귀속시켜 일반 분양가의 하락 혹은 미분양 등에 따른 위험도 시공사가 부담하게 된다. 현재 재개발·재건축 사업에서는 도급제가 주로 채택되고 있으나, 소규모 재건축 사업의 경우 지분제가 이용되기도 한다.

　시공사에서 어떤 구역의 사업성이 좋다고 판단되면 지분제의 형태로 계약을 하고 그렇지 않으면 도급금액만 받고 건설하는 도급계약을 하는데, 현재는 도급계약을 하는 사례가 많다. 도급제의 경우 사업으로 발생된 이익은 전부 조합으로 귀속이 되고 사업비가 추가됐다면 이 또한 조합원의 부담이다. 그러나 지분제의 경우에는 계약 시 확정된 지분 이외의 이익금은 전부 시공사로 귀속된다. 물론 추가사업비 부담도 시공사의 몫이다. 또한 도급제의 경우 공사 중 일정률 이상의 물가상승 및 설계변경 수반 시 시공사에서 공사비 조정을 요구하지만, 지분제의 경우에는 사업 중에 공사비 조정이 이뤄지지 않는다.

재건축의 복병을 조심해라

최근 재건축 투자 시 이슈가 되는 사안이 2가지가 있다. 재건축 초과이익 환수제와 안전진단에 관한 부분이다. 실제로 일부 지역에서는 이 2가지의 사안이 재건축 투자의 최대 복병으로 등장하고 있다.

재건축 초과이익 환수제 주목

재건축 초과이익 환수제란 재건축으로 조합원이 얻은 이익이 인근 집값 상승분과 비용 등을 빼고 1인당 평균 3,000만 원을 넘을 경우 초과 금액의 최고 50%를 부담금으로 환수하는 제도이다. 2006년 시행됐으나 주택시장 침체 등의 이유로 2013~2017년 유예됐다가 2018년 1월부터 다시 시행됐다.

재건축 종료시점(준공인가) 집값에서 개시시점(추진위원회 설립

승인) 집값과 정상주택가격 상승분, 개발비용을 뺀 금액이 1인당 3,000만 원을 넘을 경우 초과금액 구간별로 10~50% 누진 과세하는 제도이다. 재건축 초과이익 환수제는 토지로부터 발생되는 개발이익을 환수해 이를 적정하게 배분함으로써 토지에 대한 투기를 방지하고 토지의 효율적인 이용을 목적으로 시행되는 제도이다.

이러한 재건축 초과이익 환수제는 문재인 정부 들어서 처음 실시되는 제도는 아니다. 집값이 급등한 지난 2006년 도입됐지만 금융위기 이후 부동산 시장을 위축시킨다는 이유로 2013년부터 2017년 말까지 제도 시행이 한시적으로 잠정 유예됐다가 2018년 1월부터 부활했다.

재건축 초과이익 환수제의 대상은 2017년 1월 2일 이후 관리처분인가를 신청하는 재건축조합(재개발, 리모델링 제외)이며, 환수금액은 재건축 사업에 따른 초과이익의 10~50%이다. 여기서 초과이익은 사업 기간 중 오른 집값에서 해당 시군구 평균 집값 상승분과 개발비용을 뺀 값이다.

이러한 재건축 초과이익 환수제는 실제로 재건축 현장에서 갈등의 소지가 되기도 한다. 2019년 재건축 최대어 중의 하나로 꼽히는 서초구 반포 단지 등에서는 '초과이익 환수제'를 피하지 못하는 현 조합에 일부 조합원이 불만을 제기하는 등 사업 자체를 흔드는 경우도 종종 나온다. 또한 재건축에 대한 규제 강화와 더불어 재건축 투자의 열기를 식히는 현상으로 나타나기도 한다.

재건축 초과이익 환수제의 대응법

재건축 절차를 밟고 있는 일부 단지들은 '1 대 1 재건축'으로 방향을 틀거나 고급화를 통해 공사비용을 늘리는 방식으로 재건축 초과이익 환수제에 대응하고 있다. 또 다른 일부 단지에서는 한국감정원에 '공시지가를 상향조정해 달라'는 의견을 냈다. 공시지가를 최대한 높여야 향후 준공시점 아파트 가격과의 차이를 좁힐 수 있어서다. 공시지가가 오르면 재산세가 늘어난다. '재건축 부담금 폭탄이 늘어나는 재산세보다 더 무섭다'는 것이 공시지가 상향조정을 요구한 주민들의 판단이다.

안전진단 강화해 재건축에 제동

재건축은 관련법상 지은 지 30년이 넘은 주택이면 추진이 가능하다. 그럼 연한만 도래하면 모든 주택이 재건축할 수 있을까. 그건 아니다. '안전진단'을 거쳐야 한다. 안전진단은 재건축 시행 여부를 판정하는 단계로, 재건축 사업의 첫 관문이다. '아파트가 너무 낡고 살기 불편해 새로 지어야 한다'고 공인받는 절차인 것이다. 만약 '집이 아직 쓸만하다'는 판정을 받으면 재건축을 할 수 없다.

재건축 안전진단 제도는 노무현 정부 때인 2003년 만들었다. 무분별한 재건축과 이에 따른 집값 폭등 현상을 막자는 취지였다. 그 전엔 지방자치단체별로 중구난방이었고, 그마저도 통과의례에 지나지 않는다는 비판을 받았다. 평가항목은 구조 안전성과 주거환경, 비용 편익(경제성), 설비 노후 등 4가지이다. 구조 안전성은 말

그대로 건물이 구조적으로 얼마나 안전한지를 따지는 건데, 건물 기울기와 내하력(하중을 견딜 수 있는 능력), 내구성 등을 평가한다. 주거환경은 주차 공간과 층간 소음, 일조 등에 대한 평가이다.

문제는 항목별 배점 비중이 그동안 들쑥날쑥했다는 점이다. 그 중에서도 구조 안전성의 비중 변화가 심했는데, 이는 안전진단을 통과하는 데 가장 중요한 요소였기 때문이다. 정부는 구조 안전성 항목의 가중치를 조절하는 방식으로 재건축 규제를 조이고 풀었다. 노무현 정부는 2003년 45%에서 2006년 50%까지 올렸고, 이명박 정부는 2009년 40%로 누그러뜨렸다. 이걸 박근혜 정부는 2015년 20%로 확 낮추고, 대신 주거환경 비중을 15%에서 40%로 높였다. 주차장이나 배관, 층간 소음 등 주거환경이 열악하다면 구조에 큰 문제가 없어도 재건축을 할 수 있게 한 것이다.

그래서일까. 재건축 연한을 충족한 아파트 대부분이 안전진단을 무리 없이 통과하곤 했다. 50% 수준이던 재건축 안전진단 통과 비율이 2015년 이후 90%대로 오를 정도였다.

상황이 이러자 2018년 문재인 정부는 '재건축 안전진단 기준 정상화' 방안을 발표했다. 재건축 남발과 자원 낭비를 막겠다는 취지지만, 강남 집값 불안의 진원지로 꼽히는 재건축 집값을 잡겠다는 의도도 깔려 있다. 먼저 20%까지 떨어진 구조 안전성 가중치를 다시 50%로 높이고, 주거환경 비중은 40%에서 15%로 낮췄다.

실제로 안전진단 강화의 후폭풍은 거세다. 안전진단 통과 여부에 따라 재건축 추진 단지 간 희비가 엇갈리는 게 대표 사례이다. 안전진단은 '주민 10% 이상 동의서 제출 → 안전진단 신청 → 안전진단 실시 결정(현지조사 등) → 안전진단 기관 선정 → 안전진단 의뢰 → 안전진단 실시' 순으로 이뤄진다. 새 기준 적용 여부를 가르는 기준은 시행일 5일 이전에 '안전진단 업체와 계약을 맺었느냐'이다.

2019년 4월 서울 강남의 재건축 대장주라 불리는 은마아파트 추진위원회는 서울시청 앞에서 항의시위를 2차례나 열었다. 그들은 조속한 행정절차 이행을 촉구하는 시위에까지 나선 것이다. 일부 재건축 단지는 이러한 재건축 지정의 다양한 변수가 있다. 이를 감안한 투자에 나설 필요가 있다.

> **Tip** 안전진단 대응법
>
> 2019년 3월 문재인 정부의 재건축 안전진단 강화 조치 이후 처음으로 통과된 단지는 서울 서초구 방배동 삼호 아파트이다. 방배 삼호아파트의 경우 1975년 준공돼 건물의 노후도에서 기준을 통과했다. 또한 1988년 내진설계 기준이 제정되기 전에 준공되어 지진에 대한 내하력이 취약, 계단 난간이 부식되는 등 안전사고에 취약성을 보였다. 이외에도 주민들은 2017년 신탁 방식으로 사업방식을 전환한 점 등이 안전진단 통과의 비결로 꼽히고 있다.

조합원 입주권의 세금을 조심하라

재개발·재건축 투자 시 받게 되는 티켓이 바로 조합원 입주권이다. 이 입주권은 다른 아파트 투자보다 장점도 있지만 단점도 있다. 그 내용을 살펴보자.

일반분양가보다 가격면에서 경쟁력 갖춤

조합원의 자격으로 입주권을 받는 것은 일단 여러 가지 조건에서 유리하다. 먼저 청약통장이 필요없다. 아파트 입지 조건이 1,000세대가 넘는 대단지거나 역세권이라고 할지라도 청약 과정을 거치지 않으므로 치열한 경쟁을 할 필요가 없다. 따라서 조합원 명의 변경 금지가 없는 만큼 얼마든지 거래도 가능하다. 또한 보통 조합원분양가는 일반분양가보다 약 10% 내외 싸다. 가격 경쟁력뿐만 아니라 일반분양자보다 우선해서 로얄동과 로얄층을 배정 받을 수 있는 기회를 갖는다.

　반면 재개발 입지에 놓인 최초의 주택구입금액(감정평가 금액+프리미엄 금액)으로 비교적 높은 구매를 해야 한다. 더욱이 일반 분양권 이전에 취득하는 주택의 경우 취득시점부터 일반분양권 분양시점까지 자금이 묶이는 결과를 초래하는 것은 단점이다. 또한 분양권 취득과 달리 본인이 사업의 주주이기에 추가 분담금이나 청산금의 지급 및 수령 임무가 있는 것은 약점이라 볼 수 있다. 세금면에서도 적절한 판단이 중요하다.

입주권의 세금납부에 주의해야

2018년 서울 개포 주공아파트 입주권을 구입한 H씨는 취득세를 3,000만 원 가량 더 부담해야 했다. H씨가 산 입주권이 주택이 아닌 토지로 분류돼 취득세율이 높아졌기 때문이다. 때로는 주택으로, 때로는 토지로 간주돼 취득세율을 달리하는 입주권. 통상 조합원 입주권은 취득세율이 4.6%이다. 재개발·재건축 사업의 경우 기존 주택을 허물고 새 아파트가 건립되기 전, 일시적으로 건물이 없는 상태, 즉 토지만 존재하는 경우가 발생된다. 그 시기가 관리처분 인가 이후 기존 주택이 입주권으로 전환되는 시기로, 기존 주택이 멸실된 상태에서 토지만 획득하는 것으로 보아 토지 소득 세율이 적용되는 것이다.

　하지만 관리처분인가 이후, 이주와 철거가 이뤄지기까지는 다소 시간이 소요된다. 철거가 시작돼 주택의 기능이 상실되기 전까지는 주택에 대한 취득세를 납부하지만 이후에는 토지에 대한 취득세율 4.6%가 적용되는 것이다.

가령 앞서 예를 들은 H씨가 매매가가 20억 원인 개포주공 아파트 입주권을 주택 철거 전 매수했다면 주택분 취득세율 3.3%(전용 85m^2 미만)를 적용해 6,600만 원을 납부하면 된다. 그러나 철거 완료 신고가 됐다면 면적에 관계없이 토지 취득세율인 4.6%를 적용해 9,200만 원의 취득세를 납부해야 한다. 세율로는 1.3%, 금액으로 2,600만 원 차이가 발생한다.

입주권을 매수할 때 취득세를 납부했더라도 새 아파트가 지어지면 다시 한번 취득세를 내야 한다. 조합원 입주권을 매수했을 당시에는 그 시점의 주택 또는 토지를 매수한 것으로 향후 지어지는 새 아파트에 대한 취득세는 납부하지 않은 것으로 보기 때문이다.

재개발·재건축 주택은 임대등록하면 유리

통상 재건축·재개발 주택의 경우 새 아파트로 변경되면서 많은 시세차익이 발생한다. 이때 준공공 임대주택으로 등록해 세법상 혜택을 활용하면 수익률을 극대화할 수 있다. 특히 재건축·재개발 아파트의 경우 공사기간도 임대기간에 포함시켜 준다. 관리처분인가 전 6개월부터 준공 후 6개월까지는 임대하지 않아도 임대기간에 포함시켜 준다. 단, '도시 및 주거환경 정비법'에 의한 재개발과 재건축 아파트만 해당된다. 따라서 도정법상 주거환경개선사업, 가로주택정비사업, 주거환경관리사업, 도시환경정비사업은 적용되지 않는다. 건축법에 따라 빌라 몇 채를 다시 재건축하는 일반적인 소규모 재건축에도 적용되지 않는다.

가령 재건축 대상 아파트를 취득하고 준공공임대사업자로 등록해 전세를 줬다고 하자. 2년 후 관리처분인가가 떨어지고, 공사기간을 3년 잡으면 이미 임대의무기간 5년이 지나게 된 것이다. 이후 5년만 더 임대를 유지하면 10년간 양도차익에 대해 양도소득세 감면을 받는다.

통상 재건축아파트는 1세대1주택 비과세를 최대한 누리기 위한 보유 기간이 10년임을 볼 때, 다주택자의 경우 엄청난 혜택이 된다. 굳이 거주하지 않아도 되고, 합법적으로 절세가 가능하다는 점에서 더욱 그렇다.

부부가 공감하는 투자를 하라

재개발·재건축 투자는 부부 중 한 당사자만이 일을 저지르면 화가 따른다. 부부 사이인 만큼 투자는 소통이 매우 중요하다. 2019년 공직자 K씨는 재개발 투자에 휩싸여 사표를 냈다. 그 원인은 부부 한쪽의 일방적인 투자에 있었다.

부동산 투자 이유로 낙마한 공직자

2018년 여름. K씨는 서울 동작구 재개발지역에 20여 억 원 상당의 건물을 사들였다. 이 지역은 반포 옆에 위치해 '서반포'라는 별명이 붙은 곳이다. 중앙대학교 서울캠퍼스 바로 옆에 위치하며 지하철 9호선 흑석역과도 걸어서 10분 내외다. 용산과도 마주보고 있는 위치에 있어 여의도, 용산, 강남권 업무지구로의 접근성이 높다. 그런데 이 공직자의 부동산 투자가 알려지면서 이슈가 됐다.

이 공직자는 사회생활을 하면서 부동산 투자의 기회를 살리지 못하고 결국 단칸방 신세를 벗어나지 못했다. 그러다가 그의 부인이 K씨와 상의도 안 하고 재개발 투자를 감행했고, 이것이 공직사회에 알려져 결국 K씨가 공직생활을 그만두게 된 것이다.

이번 K씨의 경우 매입 과정도 부인이 상의 없이 계약을 한 것이다. 아주 가까운 친척이 흑석동 지역에서 부동산 중개업을 하고 있었는데, 2018년 매물이 나와 부인이 알아서 계약을 했고, K씨가 나중에 그 사실을 알았을 때는 20억 원이 넘는 건물인지라 10%인 계약금만 수 억 원에 달해 어찌해볼 도리가 없었다고 한다.

애초에 비밀 투자란 없다

재테크에 무관심한 남편의 성격과 공직에 있는 이유로 그와 상의를 하지 않은 아내의 일방적인 결정도 아쉬움이 있지만, 평소 집을 갖길 원하는 아내의 심정을 조금이라도 헤아렸다면 과연 이런 결정을 아내 혼자서 했을까 라는 안타까움이 들었다.

투자 상담을 하다보면, 종종 부동산 투자를 배우자 모르게 하는 경우가 보게 되는데, 어쩔 수 없이 들통 나는 경우도 많다. 부부 싸움의 원인이 되기도 하고 아주 극심한 경우에는 이혼의 길로 들어서는 경우도 있다.

재개발 투자에서 조합에서, 투자자 본인들에게 연락이 닿지 않으면 조합에 등록된 실거주지에 동의서 징구 등의 이유로 방문을 하는 경우도 있다. 아무리 모르게 잘한다손 치더라도 나도 모르는 의외의 변수가 있기 마련이다. 어차피 부부 사이에 비밀이란 없다. 부부가 공감하는 투자를 권한다.

조합원 분양자격을 확인하라

오래되고 낡은 주택들이 모여 있고 도로와 학교 등 기본 시설들이 미미한 곳의 주거환경을 개선하기 위하여 재개발 사업이 진행되고 있다. 주위를 둘러보면 의외로 많은 곳에서 공사기 이루어지고 있는 것을 보게 된다. 그런데 조합원의 물건을 매입했다고 해서 무조건 재개발 조합원의 분양자격이 주어지지 않기 때문에 주의할 필요가 있다.

현금청산 물건을 매입하면 낭패

재개발이 진행되는 구역의 주택이나 땅을 매입하여 조합원이 되었다고 하여 분양자격이 무조건 주어지지는 않는다. 조합원들 중에 분양자격을 갖춘 조합원도 있고 현금청산의 대상이 되는 조합원도 있다. 높은 기대수익을 가지고 투자하였지만 현금청산자가 된다면 오히려 원금조차 회수하지 못하는 경우도 있어 많은 주의가 필요하다. 예전에 재개발 지역에서 경매물건이 나와서 입찰에 참여하여 낙찰 받으신 분이 나중에 낙찰 받은 물건이 현금청산 대상의 물건임을 알고 난감해 하던 것을 본 기억도 있다.

재개발 조합원의 분양자격은 시도 조례에 따르게 된다. 이 조례에 정한 조건에 맞아야 재개발 조합원 분양자격을 얻을 수가 있다. 건물 없이 토지만 소유한 경우에도 재개발 조합원 분양자격이 주어진다. 이때에는 최소면적 기준이 있다. 시도 조례마다 면적 기준이 다르므로 투자하고자 하는 지역의 조례를 반드시 확인해야 한다.

대구시 조례의 예를 들면 최소면적의 규모가 $90m^2$ 이상이 되면 분양자격이 주어지게 된다. 이 때 한 필지가 $90m^2$ 이상이 되든지 또는 여러 필지를 합하여 $90m^2$ 이상이 되든지 상관이 없다.

건물만 소유한 경우에도 재개발 조합원 분양자격이 주어지게 된다. 단 한 평의 건물이라도 등기되어 있다면 분양자격이 주어진다. 게다가 등기되지 않은 무허가 건물도 일정 요건만 갖추어진다면 분양자격이 주어지므로 간과해서는 안 된다.

건물에 분양자격이 주어지는지를 살펴보면, 1989년 1월 24일 이전에 발생한 무허가건축물로 위법건축물을 포함하여 '기존무허가건축물'이라 하고, 이후의 무허가건축물을 '신발생무허가건축물'이라 부른다.

1989년 1월 24일 이전에 발생한 '기존무허가건축물'이라면 분양자격이 주어진다. 이 무허가건축물의 기준일도 시도 조례에 따라 약간의 차이가 나므로 투자자라면 투자지역의 시도 조례를 먼저 확인해야 한다. 위의 1989년 1월 24일은 대구시 조례에 따른 것이다.

토지와 건물을 모두 소유하고 있다면 당연히 재개발 조합원 분양자격이 주어진다. 그러나 여기서도 따져봐야 할 것들이 너무 많다. 재개발 구역 내에 제 아무리 많은 집을 소유하고 있더라도 한 개의 조합원 입주권만 주어지므로 본인이 투자하고자 하는 집이 여러 채를 가진 조합원으로부터 매입한다면 현금청산 대상이 될 수 있다.

만일 조합원 입주권을 구매하고자 한다면 해당 조합에 문의하여 분양자격을 얻는 데 문제가 없는지 확인하고 투자해야 한다. 여러 채의 기준은 명의자 본인만 해당하는 것이 아니라 조합원의 주민 등록상 등재되어 있는 세대원의 주택도 포함된다는 것을 명심해야 한다. 또한 남편과 부인이 주민등록이 달리 되어 있어도 동일 세대 원으로 보기 때문에 남편과 부인이 따로 주민등록이 되어 있다고 안심하면 안 된다.

우선 순위 상가를 알아야

상가만 소유한 경우에도 재개발 조합원의 분양자격이 주어진다. 또한 상가 겸용 주택, 즉 상가주택의 경우에도 분양자격이 주어지게 된다. 그런데 상가의 경우 기존의 상가 수와 재개발로 새로 공급하게 되는 상가의 수를 비교해 본인이 투자하고자 하는 투자 물건이 공급 받을 수 있는 순위에 들 것인가를 먼저 판단해야 한다.

가령 기존에 상가가 70개가 있고 새로 공급하는 상가는 20개밖에 없다면, 후순위에 속하는 조합원의 경우 현금청산 대상이 될 가능성이 많다. 그래서 상가의 공급 순위를 알아보는 것이 아주 중요한 것이다. 어떤 순서로 상가를 공급할지에 대한 규정은 시도 조례로 다르게 적용하고 있으므로 투자하고자 하는 지역의 조례를 살펴보고 어떤 조건에 따라 순서를 정하는지를 알아봐야 안전하다.

상가와 주택을 동시에 소유한 경우 주어지는 재개발 조합원 분양자격을 살펴보면, 이때에는 아파트와 상가를 각각 신청할 수 있다. 물론 위에서 언급했던 것처럼, 신청은 할 수 있지만 상가의 경우 순위에 들어야 공급받을 수 있다.

조합원 지위의 확인

조합설립인가 시점에 1인의 토지 등 소유자가 재개발구역에 여러 개의 토지 또는 건물을 소유하고 있었다면, 그 조합원의 토지 또는 건축물을 매수하면 분양대상자가 될 수 없다. 만약 매도인인 조합원이 이러한 사실을 숨기거나 속이고 양도를 한다면 어떻게 될까? 매수자 입장에서는 굉장히 곤란한 상황이 생길 수 있다. 때문에 조합설립인가가 난 주택재개발구역 내의 물건을 매수할 때에는 계약 이전 또는 중도금 지급 이전에 조합을 방문하여 매도인인 조합원이 재개발구역 내에 다른 토지 또는 건축물을 보유하고 있지는 않은지 확인하는 것이 필요하다.

만약 부동산 등기부등본을 떼어보고 조합설립인가 이후, 소유권 이전 내용이 확인된다면 위의 도시 정비법 제19조 1항 3호에 의해 조합원 지위에 이상이 있는지 없는지 확인해야 한다. 사실 위의 법제처 법령해석 이후 시장의 혼란을 막기 위해 기존에 소유하고 있던 소유자들을 구제해주기 위한 특례규정이 일부 있었기 때문에, 별도의 분양대상자 조합원이 될 수 있는지의 여부를 따로 확인하는 것이 필요하며, 경우에 따라서는 매매계약에 특약으로 이러한 내용을 짚어주는 것이 좋다.

고수의 투자 마인드를 배워라

주변에 부동산 투자에 관심을 갖는 사람이 많다. 필자에게도 매주 투자 상담을 받기 위해 예약하는 고객이 늘 존재한다. 그분들과 만나면 먼저 자신의 자본금을 어느 정도 파악하고 있는지를 체크한다. 의외로 자신의 자본금에 대해서 상세하게 파악 못하는 경우가 있다.

투자자가 원하는 것은 적은 투자금액으로 큰 수익을 보는 물건을 찾는 것이다. 투자자의 심정이야 이해할 수 있지만, 내 입맛에 가장 적합한 음식만 골라 먹을 수는 없다. 투자 역시 마찬가지이다. 중요한 것은 현실에 맞는 적정 물건을 찾고 내가 보유한 현금과 지렛대를 활용할 수 있는 금액을 구체적으로 산정해야 한다는 점이다. 특히 2019년 들어서 대출 규제가 상당한 현실에서 자기 보유 현금 재산을 더 확실히 해 두어야 투자 기회를 살릴 수 있다.

투자리스크 감안해야

투자에는 리스크가 존재한다는 기본적인 명제를 인정해야 한다. 투자에는 리스크가 존재한다. 이러한 리스크가 전혀 존재하지 않는다면 모든 사람은 무조건 투자를 할 것이다. 부동산은 경기 침체의 영향, 정부의 부동산 규제 정책에 상당한 영향을 받는다. 여기에 소비심리까지 더해진다면 옴짝달싹 못하는 상태에 놓이게 된다.

특히 재개발·재건축 투자는 더더욱 그렇다고 봐야 한다. 조합원들이 모여 공동사업을 하는 것이기 때문에 서로간의 견해는 모두 다르다고 봐야 한다. 재개발·재건축 구역마다 '비상대책위원회(일명 비대위)'가 없는 구역은 거의 없다. 또한 재개발·재건축 조합이 모두 투명한 것도 아니다. 사업 진행방향, 시공사 선정 등 많은 부분에서 과거 좋지 않은 부분들이 지적되었다. 조합원들 간 갈등으로 인해 사업의 속도가 늦춰지고, 심지어는 재개발·재건축 사업 자체를 포기해 다양한 난관에 시달리는 조합도 간혹 있다.

요즘에는 정보의 바다에서 살아간다. 전국 각처에서 진행되는 재개발·재건축 정보는 실시간으로 전파된다. 인터넷의 보급이 활성화되고, 유튜브 채널과 각종 온라인 부동산정보가 쏟아져 나오고 있다. 자신만이 알고 있는 유일한 재개발·재건축 정보는 없다고 봐야 한다.

필자가 진행하고 있는 부동산 세미나에 단골로 찾아오는 B씨가 있다. 그는 투자 노트를 갖고 다니면서 필자의 강연에서 늘 열심히 메모한다. 또한 부동산 상담을 하면 꼼꼼하게 그 내용을 적고, 분석

한다. 시간이 좀 흐른 뒤 어느 날 그는 내 조언을 바탕으로 서울 양천구의 재개발 지역에 투자를 했고 꽤 많은 수익을 얻었다.

부동산 투자에 왕도는 없다. 투자 마인드를 기르기 위해서 직간접적인 투자 이야기를 수집하고 고수의 투자 마인드를 배워야 부동산 투자에 성공할 수 있다.

일확천금을 노리는 근시안적 감정

절대로 일확천금을 노리는 감정으로는 투자에 성공할 수 없다.

아이들에게 사탕을 하나씩 주면서 말했다. "30분 동안 사탕을 먹지 않고 참으면 사탕을 하나 더 줄게." 단기적인 욕심을 조절할 수 있는 절제력에 대한 테스트였다. 대부분의 아이들은 바로 사탕을 먹는 것을 택했으며 소수의 아이들만 참아내고 보상을 받았다.

그리고 절제력이 뛰어난 아이가 다양한 측면에서 욕심을 이기지 못한 아이들보다 뛰어난 결과가 나왔다. 투자의 세계와 연결지어보면, 대중이란 존재는 이 실험에서 참지 못하고 사탕을 바로 먹은 아이들에 해당된다. 대부분의 사람은 당장 돈이 될 것을 좋아한다. 최대한 빨리 내 손에 돈이 들어오는 것에 감정이 동하게 된다.

2018년 박원순 시장의 강북 및 여의도 개발 언급이 있었다. 사람들은 열광했다. 정부에서 부동산 시장을 누르기 위해 다양한 정책을 펼쳤지만 가격은 좀처럼 잡히지 않았고, 서울시장이 서울을 개발하겠다고 하니 많은 이들이 믿고 매수를 했다. 그 이후 좋은 투자는 되지 못했다.

2018년 초 통일 이야기가 나오기 시작할 때 파주 인근에 투자자들이 몰렸다. 일시적으로 가격이 오르긴 했다. 그런데 2019년 8월 현재 그쪽 지역은 잠잠한 편이다.

그런데 이러한 현상이 서울시장과 대통령 탓인가? 상황을 냉정하게 보지 않고 달려든 내 잘못인가? 일확천금은 대부분 거짓말이다. 어떤 회사에서 보물선을 발굴 중이고 곧 기자 회견을 할 것이니 해당 주식을 사면 단기간에 부자가 될 수 있다는 정보가 내 귀에 들어왔다면 다 그럴만한 이유가 있는 것이다. 실제로 기자 회견 이후 주가가 폭락했다. 모든 사기는 일확천금을 노리는 근시안적 감정을 노린다. 그리고 그것을 선택한 건 당신이다. 근시안적 감정으로는 부동산 투자에 결코 성공할 수 없다.

재개발·재건축의
주변단지를 공략하라

재개발·재건축 투자를 선호하는 분들을 만나면 필자가 꼭 조언하는 내용이 있다. 재개발·재건축의 주변단지를 공략하여 보라는 것이다.

재개발·재건축 사업에서 관리처분계획 인가가 나게 되면 주민들은 조합으로부터 이주비를 받아 공사기간 동안 임시로 살 집을 찾아 이사하게 된다. 그런데 대부분의 주민들은 비교적 가까운 곳으로 이사하는 경향이 강하다. 어차피 살 던 곳으로 다시 돌아와야 하기 때문에 생활환경을 바꾸려 하지 않는다.

단기간에 몰리게 되는 이주 수요는 재개발이나 재건축 주변 집 값이나 전세금을 밀어 올리게 된다. 철거로 인한 이주 기간은 통상 1년인데 이 1년 사이에 수요에 비해 공급이 늘어나기 때문이다. 개포 주공아파트 재건축 사업으로 인해 주변 개포4동과 양재2동의 지가가 크게 상승한 것이 그 사례이다. 왕십리뉴타운 공사기간

동안 주변 신당동과 마장동 등지의 주택값도 가파른 상승을 한 바 있다.

재개발이나 재건축 공사기간은 대략 3~4년이 걸린다. 공사기간이 끝나면 새로 지은 아파트로 이사 갈 사람이 많기 때문에 전세금이나 집값이 떨어질 것으로 걱정하는 사람도 있는데, 그리 염려할 일은 아니다.

재개발 인근 아파트가 호재다

세미나에서 만난 한 고객은 재개발 지역 투자를 깊게 고민했다. 다만 그 고객이 찾는 매물을 살펴보니 단기간에 승부가 나는 지역이 아니었다. 중요한 것은 그 지역이 재개발은 분명하게 진행된다는 점이었다.

그 고객에게 필자는 재개발 바로 옆 아파트 단지를 추천했다. 재개발이 무엇인가? 아파트 단지뿐만 아니라 그 주변 지역이 함께 개발된다는 전제에서 추진되는 사항이다. 따라서 재개발 주변은 그 개발호재의 영향권 아래 있기 마련이다. 5년이 지난 후 최근 그 고객이 다시 한번 필자를 찾았다. 5년 전 재개발 주변지의 아파트 시세가 올랐다며, 밥을 사겠다고 했다.

재개발·재건축 투자는 시간과의 싸움이다. 이때 재개발·재건축 투자 지역의 주변부를 공략하라. 이때 투자가 더 내실이 있을 수 있다.

현장답사가 답이다

재개발·재건축 투자에 있어서도 현장을 모르고서는 투자하기가 쉽지 않다. 한국이 인터넷 강국이라 정보의 홍수 속에 아파트나 청약 등의 정보는 취사가 가능하지만, 분석력이 뛰어난 투자자일지라도 개별성이 강한 재개발·재건축 투자에서 좋은 매물을 잡기는 매우 어렵다.

현장방문의 중요성

투자 세미나나 동호회에서 많은 투자자들을 접하는데, 어느 50대 후반의 G씨는 현란한 말솜씨로 부동산 투자의 거시적인 면과 미시적인 면을 도입하여 부동산 투자의 당위성을 주장했다. 그러나 현장답사의 서투른 접근으로 곤혹스러움을 느꼈다.

현장에서 등기부등본 등을 통하여 권리분석과 개발호재, 시세흐

름에 있어 비교적 정확한 데이터를 가지고 일장일단을 나누었지만, 정작 투자처를 골라 달라는 투자자들에게는 머뭇거리는 모습을 보인 것이다. 그는 조용히 필자를 찾아 마무리해 달라는 부탁을 하면서 '현장답사의 중요성을 몰랐고 매물 선택은 못하겠다'고 난감한 웃음을 보이기도 했다.

알짜 정보와 좋은 매물을 얻으려면 다양한 정보를 수집하여 정보의 정확도와 경중을 판단해야 한다. 인터넷이나 책상이 아닌 현장방문과 조사를 병행하면서 부지런히 발품을 팔아 놓치기 쉬운 정보와 함정을 확인해야 성공 확률을 높일 수 있다.

혹자는 발품을 팔기에 앞서, 정확한 정보는 어떻게 취합하느냐고 반문하기도 할 것이다. 40대 중반의 K씨는 부동산 세미나도 수강하고, 직접 현장에 내려가 보기도 하고, 현지 중개업소를 방문하기도 했지만 별 소득 없이 허송세월을 보내다가 필자를 찾아왔다. 중개업소를 통한 매물을 보면서 신뢰성과 정보의 정확성이 문제가 되고, 개별 비교가 어렵다는 이유로 재개발·재건축 투자를 포기하려는 순간이었다. 그는 저자의 현장성 강조를 듣고 투자의 접근법을 달리 했다.

정보를 취합한다는 것은 정확한 정보를 수렴하는 과정이다. 초보자가 정보를 취합하기 가장 쉬운 방법은 세미나나 재테크 동호회에서 언급한 유망지역의 지자체 홈페이지 방문과 고향 땅을 찾아 익숙한 환경을 확인하는 방법이 있다. 모르는 지역, 어느 곳에 붙어 있는지 모르는 땅에 투자하기보다는 자신이 잘 아는 지역에 투자하는 것이 백번 낫다는 말이다.

관심 있는 지자체의 홈페이지를 찾아 지구단위계획과 개발계획 공람을 눈여겨본다면 좋은 투자처가 나올 것이다. 고수들이 자주 활용하는 방법으로, 지주들과 땅을 모아 투자자 혹은 중개업자에게 매도하는 현지인들을 상대로 하여 물건을 확보하고 시세를 분석하는 방법도 있다. 그래도 알 수 없다면 전문가를 찾아가는 것이 시간적, 경제적으로 효율적이다. 요즘 판단을 흐리게 하는 너무나 많은 허위 정보로 시간과 비용을 낭비한다. 정보의 옥석을 가리기 위해 인터넷에 의지하기보다는 직접 보고 느끼면서 살아 있는 정보를 선점해야 성공적인 투자자가 될 것이다.

구청과 공인중개사를 활용하라

공인중개사를 방문할 때도 요령이 있다. 물어볼 것은 미리 수첩에 메모했다가 물어보는 것이 좋다. 자신의 신분을 밝히고 매너를 갖고 물어보면 소기의 정보를 더 얻어낼 것이다. 중개사 분들의 경우 그 현장에 대해서만큼은 어떤 부동산 전문가보다 더 고급 정보를 알 수 있다.

시청이나 구청 등을 방문하면 원론적인 수준에서 이야기를 듣게 된다. 하지만 지자체만큼 해당지역의 개발 내지 토지 이용의 현황을 정확히 아는 곳도 없다. 해당 지역의 가장 기본적인 정보에 대해서는 지자체를 이용, 체크하라. 또한 조합에서 개최하는 주민총회에 참석하면 조합의 사업에 대한 책자를 받을 수 있다.

조합과 업무대행사를 주시하라

재개발·재건축 집행부를 파악하는 것이 중요하다. 가령 지역 부동산에서는 해당 지역의 조합이 어떻게 해왔는지를 대부분 알 수 있다. 조합원을 관리하는 업무추진 대행사가 있다. 재개발·재건축은 얼마나 사업을 짧게 하는지가 핵심이다. 짧은 것과의 싸움이다.

집행부와 대의원이 얼마나 소통할 수 있고, 어떻게 행동하는지를 잘 파악해야 한다. 물론 집행부와 대의원의 성향을 겉으로는 파악하기 쉽지 않다. 하지만 그들이 어떤 활동을 해 왔는지를 보면 그 성향을 파악할 수 있다. 구청은 조건을 달기 마련이다. 이를 집행부와 대의원이 어떻게 대처하느냐가 중요하다. 그런데 여기서 중요한 것이 조합의 실무를 뒷받침하는 대행사이다. 일종의 외주업체인 대행사의 실무 현황을 파악해 두는 것도 도움이 된다.

내부 비리근절 위한 정책

실제로 재개발·재건축 현장에서 내부 비리나 불합리한 결정이 자주 벌어지기도 한다. 2019년 1월 서울시는 재개발·재건축 내부비리 원천차단을 위해 구축한 '정비사업 e-조합 시스템' 사용을 서울시 전체 정비구역에 의무화 했다. 2019년 1월 현재 사업이 진행 중인 423개 정비구역 전체에 적용시킨 것이다.

이 내용은 재개발·재건축 추진 단지에서 시스템을 사용하지 않거나 문서가 누락되는 일이 없도록 자치구를 통해 철저히 지도·감독하겠다는 의지의 표현이다. 여기서 중요한 것은 조합원들이 소중한 재산을 스스로 지키고 투명한 사업을 내손으로 만들어 간다는 생각으로 수시로 시스템에 접속해 사업자금 관리, 집행 등 조합운영 전 과정을 꼼꼼히 들여다보고 감시해주길 바란다는 점이다.

이 시스템을 사용하면 과거 수기로 작성됐던 예산, 회계, 계약대장, 급여 관리 등 재개발·재건축 조합의 모든 문서가 전자결재를 통해 100% 전자화되고 조합원들에게 온라인으로 실시간 공개된다. 시는 조합운영의 투명성을 강화해 정비조합 내 비리요인을 줄이고 집행부에 대한 신뢰도도 더욱 높아질 것으로 기대하고 있다.

앞으로 각 조합 임·직원들은 시스템에 접속해 예산(편성, 변경, 장부), 회계(결의서·전표 작성, 전자세금계산서, 회계장부, 재무제표), 인사(인사정보, 급여관리, 증명서관리), 행정(물품관리대장, 정기총회 일정 등) 분야에 대한 문서 생산·접수 등 모든 업무를 전자결재로 처리해야 한다.

시는 2017년 시스템을 구축하고 지난해 7월 '서울시 주거 및 도시환경정비 조례'를 개정해 재개발·재건축 정비구역에서 시스템을 의무 사용할 수 있도록 근거를 마련했다. 지난해 213개 정비구역에서 시범운영했다.

자연스런 참여가 중요

조합원이 됐을 때부터는 자연스런 참여가 중요하다. 조합의 일정이 있다면 반드시 참여해 그 핵심이 무엇인지를 파악해 둬야 한다. 조합의 진행상황이 합리적이지 못할 때도 있다. 일단 참여를 하면서 자신의 권리를 지켜야 함을 강조한다.

재개발·재건축의
공인중개사와 친해져라

재개발·재건축은 결국 입지가 성패를 좌우한다. 그리고 그 입지는 각 지역에 자리잡고 있는 지역 부동산중개소가 잘 알 수밖에 없다. 부동산중개소 사장과 친해져라. 다양한 정보를 얻을 수 있다.

부동산중개소를 방문하면 천차만별 분위기가 다르다. 부동산중개소 사장의 스타일에 따라 찾아가는 고객을 대하는 태도는 다양하다. 따라서 한두 개의 부동산중개소를 찾기보다는 많은 곳을 찾아서 자신에게 꼭 필요한 정보와 매물을 건넬 수 있는 부동산중개소를 찾아야 한다.

어느 날 부동산 세미나에서 만난 한 고객은 자신의 상가를 팔기 위해 100군데의 부동산중개소를 방문해 매물을 내놓았다고 자신의 경험을 풀어 놓았다. 분양 상가를 구입했는데, 임대료를 받는 부분과 은행이자의 지출을 비교하니 그리 큰 메리트가 없어서 상가를 팔기로 결심했단다. 쉽게 상가가 팔리지 않자, 한 자치구 내의 부동산중개소 100군데에 매물을 내놓은 것이다. 결국 그 고객은 상가를 팔았다. 보통 부동산중개소를 찾으면 3가지 스타일의 공인중개사를 만나게 된다.

전문가형 공인중개사

재개발 구역을 다니다 보면 해당 지역의 부동산중개소의 대표가 그 지역의 다양한 영역을 심도 깊게 연구하는 경우가 있다. 이런 사무실에서 좋은 정보를 얻을 수 있다. 가령 재개발 구역 내의 지번별 조서들도 모두 만들어서 비치하고 있다면 귀중한 정보가 되기도 한다. 부동산 전문가가 많지만 해당 지역의 전문가만큼 그 지역의 깊숙한 정보를 알기란 쉽지 않다. 재개발 지역의 역사부터 시작하여 앞으로의 전망을 전문가형 공인중개사를 통해서 얻을 수 있다.

하지만 이러한 스타일의 공인중개사가 꼭 매물까지도 넉넉하게 갖고 있으리란 보장은 없다. 일단 정보를 얻어 해당지역의 현황과 미래 투자가치를 조망해 보자.

무관심형 공인중개사

문을 열고 들어간 부동산중개소가 썰렁한 경우가 있을 것이다. 묻는 말에 대해 건성으로 대답하는 경우가 있는데, 그분들이 특별하게 불친절하다기보다는 해당 지역의 재개발·재건축에 관심이 없기 때문이기 쉽다.

각 지역의 부동산중개소도 자신의 집중 분야가 있기 마련이다.

보통 재개발 구역 내의 부동산이 재개발을 많이 다루기는 하지만 경우에 따라 원룸임대를 전문으로 한다든가, 분양만을 전문으로 한다든가, 빌라, 아파트 등을 전문적으로 다루는 부동산중개소도 많다. 가령 해당 지역의 재개발 투자를 적극 권하지 않고 비관적으로 이야기하는 부동산 중개소도 있다. 이때 크게 당황할 필요는 없다. 그 지역의 다른 매물을 중심으로 사고파는 분이기 때문이다.

거래성사형 공인중개사

어떤 부동산중개소는 매물의 거래 성사에 적극적인 유형도 있다. 재개발·재건축에 대해 잘 아는 것도 아니고, 권리분석을 매끄럽게 해주는 것도 아니지만 거래에 아주 능통한 중개업소 대표가 있다.

　부동산중개소도 결국 거래를 얼마나 자주 하는가가 가장 능력있는 중개업소라 할 수 있다. 그렇기 때문에 중개업소들 사이에서도 매물을 빨리빨리 잘 소화해 주는 부동산중개소 쪽으로 매물의 공동중개를 의뢰하는 경향을 보인다.

　공인중개소는 지역 재개발·재건축 정보를 획득하는 데 아주 중요한 역할을 한다. 필자는 과거 재개발·재건축 투자 시 공인중개소를 적극 활용했다. 먼저 그 지역의 많은 공인중개소를 찾아다니며 위에서 제시한 다양한 스타일의 부동산중개소 대표를 만났다. 그러다보면 그 지역에서 매매 거래가 활발한 중개소 대표를 추려볼 수 있었다. 그러면 엄선된 부동산 중개소 대표를 가끔 찾아가 음료수도 건네고, 차 한잔 마시면서 친해지기도 했다. 그런 과정을

겪으면서 자연스레 재개발·재건축에 관한 매물 등의 고급정보를
얻기도 했다.

정부의 부동산 정책에 한 발 앞서라

정부의 부동산 정책은 재개발과 재건축 시장에도 큰 영향을 미친다. 우리나라도 이제 정책방향이 다른 여야의 정권 교체가 많이 이뤄지고 있다. 우리는 박근혜 정부의 최경환 노믹스에서 부동산 정책을 겪다가 문재인 정부 들어서도 다시 한번 부동산 정책의 변화를 똑똑히 보고 있다.

박근혜 정부 시절, 국민들은 서울을 중심으로 한 부동산 대세 상승기를 경험했다. 이때 각종 대출 규제 완화 정책이 등장했다. LTV 70%, DTI 60%를 전 금융권으로 완화 적용, 취득세율 인하 등으로 대출을 통한 주택구입이 용이하도록 했다. 이에 따라 가계부채 역시 큰 폭으로 증가했다. 각종 부동산 정책 장려로 '빚내서 집사라'라는 문구까지 등장한 시기였다.

반면 문재인 정부의 부동산 대책은 부양보다는 주거복지와 도시재생에 방점이 찍혀져 있다. 실제로 문재인 정부가 들어선 이후 각종 부동산 시장 규제 정책이 쏟아졌다. 이러한 대책은 서민중심 정책으로, 부동산 가격 상승을 견제하고 가계 부채 역시 증가하는 것을 억제하는 방향이다.

극과 극을 달리는 박근혜·문재인 정부의 재개발·재건축 정책

재개발·재건축 분야에서도 극과 극이다. 박근혜 경제 및 부동산 정책을 총괄했던 최경환 부총리는 7·24, 9·1 대책을 통해 재건축 소형의무비율 폐지, 안전진단 기준완화, 공공관리제 선택적용, 재건축 연한완화 등 규제들을 완화하거나 폐지했다. 당연히 부동산 시장에서 재개발·재건축 시장에 훈풍이 돌았다.

반면 문재인 정부는 8·2대책을 통해 투기과열지구 내 재건축 조합원 지위의 양도제한을 들고 나왔다. 즉 투기과열지구 내 조합설립인가 이후 단계에서 재건축 예정주택을 양수받는 자는 아파트 재건축 이후 현금청산을 담고 있다. 또한 투기과열지구 내 재개발·재건축 조합원 분양권의 전매제한 조치, 분양권 재당첨제한 등 서울의 강남 재건축 아파트 단지를 겨냥한 핀셋 규제를 펴고 있다.

주택금융 문턱도 높였다. 2주택자에 대한 대출 규제가 높아졌다. 그동안 정부는 일시적 2주택자들을 우려해 해당 계층에 대해서 규제 강화를 소극적으로 접근했다. 하지만 문재인 정부의 9·13대책은 2주택자들의 조정지역 내 추가 주택담보대출을 원칙적으로 금지했다. 즉, 더 이상 은행 돈으로 주택을 구입할 수 없게 만들겠다는 의지다.

2017년 8·2 부동산 대책의 가장 큰 효과 중 하나는 '전매 금지 기간' 설정에 따른 딱지 매매와 갭투자 방지였다. 즉, 계약금만으로도 큰 차익을 보는 편법을 금지시킨 것이다. 여기에 청약시장도 당첨 가점 조정을 통해 실수요자 중심으로 재편시켰다.

8·2대책 이후 시장은 '똘똘한 한 채'라는 신 투기책을 내놨다. 가장 가치 상승이 기대되는 집을 보유하는 전략으로 전환한 것. 그 결과 서울 지역에 투기 수요가 몰렸고 지방 부동산은 미분양이 속출하는 지역별 양극화가 심화했다.

그러자 문재인 정부가 내놓은 9·13대책은 '똘똘한 한 채' 전략 방지 대책을 담았다. 고가 주택에 대한 종부세 강화와 양도세 혜택 요건을 강화했다. 즉 9·13대책은 똘똘한 한 채 트렌드, 원정 투자 등의 흐름을 차단하기 위해 1가구 1주택자에 대해서도 양도세 혜택 요건과 종부세 범위를 확대한 것이다. 다주택자에 대한 정부의 견제책이란 흐름 속에서 부동산 투자의 방향을 모색하는 것이 필요하다.

정부의 정책 흐름을 읽고 투자하는 것이 현명

박근혜 정부의 부동산 정책, 재개발·재건축 정책은 규제를 풀어, 재건축 유도를 통한 경제 활성화였다. 반면 문재인 정부는 과도한 재개발·재건축 시장은 규제를 통해 속도 조절을 하고, 도시재생 정책을 펴고 있다.

문재인 정부의 6·19대책에 이은 8·2대책, 9·13대책은 시장의 예상보다 훨씬 강력했다. 2018년부터 시행되는 재건축 초과이익 환수제, 재건축조합원 지위양도 금지, 분양권 전매제한, 양도소득세 강화 등으로 주택매수심리가 악화돼 재건축 아파트의 상승세에 제동이 걸렸다.

문재인 정부는 규제와 동시에 3기 신도시 건설로 공급을 확대하는 양동 정책을 전개하고 있다. 이러한 정부의 부동산 정책 흐름을 알면 투자 타이밍을 잡을 수 있다. 이 구간이 대세 상승기 구간인가, 아니면 대세 하락 구간인가를 파악하고 대처해야 한다. 부동산은 계속 오른다는 생각보다는 수요와 공급 원칙 속에서 정부 정책에 따라 대세 구간이 존재한다는 점을 명심해야 한다. 각종 규제에 따른 세금 문제 등을 따져보고 투자의 실제 수익을 판단하여 재개발·재건축 투자를 접근하면 더 실질적인 투자에 가까워질 수 있다.

또한 문재인 정부는, 재개발·재건축을 포함 부동산에 대해, 경기부양책보다는 주거권으로 보는 성향이 강하다. 앞으로도 재개발·재건축 사업 자체와 투자자에 대한 규제가 강화될 수 있음을 염두에 두어야 한다. 이러한 정부 정책에서는 투자기간과 수익률을 짧고 적게 단타 방식으로 가야 한다. 역으로 생각해보면, 속도가 붙었거나 확정된 재개발·재건축은 그 전 정부 때와 달리 희소성이 있다. 입지 좋은 곳 중에서, 진행되는 지역에 투자하되 사업 진행의 속도가 붙었을 때 매도하는 것도 하나의 방법인데, 이때는 조합원 지위양도금지, 분양권전매 및 재당첨 제한 등이 걸리기 전단계에서 매도해야 한다. 그리고 사업 진행이 확정되었을 때에는, 앞서 언급한 대로, 이주수요를 보고 재개발·재건축 주변 단지를 공략하는 것도 이러한 정책에서 실속 있는 대안이 될 수 있다.

PART 5

재개발·재건축 Q&A

재개발·재건축 7개 핵심 Q&A

Q1. 보통 재개발 투자의 적정한 타이밍을 잡기가 힘들다. 재개
발 투자의 최적기에 대해서 어떻게 보는지?

A. 보통은 재개발도 사업이기에 가성비가 중요하다. 그러다 보
니 전문가 또는 재개발을 많이 해본 사람들은 조합설립인가 시점,
사업시행인가 시점에서 투자하기를 선호하고 권한다.

조합설립인가, 사업시행인가 시점에 투자하는 것은 주식으로 따
지면 누구나 아는 뻔한 정보이기에 투자 자금도 많이 들어가고 그
러다 보니 매일매일 주식창을 안 보면 불안하듯 온갖 신경을 그쪽
으로 쓰게 되어 있다. 주식도 삼성전자에 묻어둔 사람이 돈이 되듯
재개발도 소액일 때 묻어둔 사람이 이익도 크고 신경 쓸 일이 별로
없다. 투자자금을 적게 들이느냐 시간을 아끼느냐, 그건 각자의 선
택이지만 필자는 될 지역에 우선 선점하여 묻어 두는 쪽을 권유하

고 싶다.

Q2. 재개발 내에서 투자를 고려할 때 분양자격 유무가 매우 중요하다. 재개발 내 분양자격에 대해서 어떻게 바라봐야 하는지?

A. 투기과열지구(서울시) 내에서 조합원분양 대상자 또는 일반 분양분 당첨자는 '5년간' 재개발 지역에 조합원이라 해도 분양자격이 주어지지 않고 현금청산을 받는다. 즉 '5년간'은 분양대상자 선정일(조합원분양분의 분양 대상자는 최초 관리처분계획 인가일을 말한다)부터 5년 이내를 뜻한다.(참고: 도시 및 주거환경 정비법 제72조 6항-시행일 2017. 10. 24)

이때 본인뿐만 아니라 동일 세대원도 같은 규정에 해당하므로 조합원뿐만 아니라 그 동일 세대원 또한 꼭 확인해야 한다.

사례

나(조합원) → 5년간 당첨 사실 없음 → 나(조합원) 분양자격 없음!! 현금 청산

어머니, 아버지(동일 세대원) → 전에 살던 곳에서 분양받아 매도 후 아들과 합가 5년이 지나지 않음

Q3. 재개발 구역에 집이 3채 있는데 3채 모두 입주권을 받을 수 있는지?

A. 재개발 구역 내에 자기 소유 주택이 3채가 있든 100채가 있든 최대 2가구만 받을 수 있다. 1+1이 가능한 것이다.

Q4. 재개발 구역에 여러 채 갖고 있던 조합원 물건 중 하나를 구입했는데 분양 자격이 없다고 하는데?

A. (서울시 기준) 재개발 조합 설립 시 주택을 3채 보유한 조합원 중 한 채를 매도했을 때, 1채만 분양 자격이 주어진다. 이런 물건은 매수 시 꼭 확인해야 한다. 매도인이 3채 이상 보유하다 그중 한 채를 매도한 것이다.

하지만 2채 보유한 조합원이 한 채를 매도했을 때에는 조금 달라진다. 2011년 1월 1일~2012년 말까지 매도·매수한 물건은 매도한 조합원이 가지고 있는 한 채와 매수한 물건 조합원 모두 분양자격이 주어진다.

한편 2013년 1월 1일 이후 거래된 물건은 매도한 조합원만 분양자격이 주어지고 매수한 조합원은 현금청산된다.

사례

2채 보유 조합원 매수자 2011. 1 .1~2012년 말 거래	⇒	둘 다 조합 분양자격 주어짐
2채 보유 조합원 매수자 2013. 1. 1 이후 거래	⇒	·기존 조합원만 분양자격 주어짐 ·매수자 현금 청산

Q5. 건물은 없고 토지만 있는데 입주권을 받을 수 있는지?

A. 받을 수 있다. 재개발은 재건축과 달리 토지만 있어도 입주권을 받을 수 있다.

Q6. 도로 부지도 입주권을 받을 수 있는지?

A. 받을 수 있다. 위 질문과 같은 맥락으로 재개발은 재건축과 달리 건물을 새로 짓는 사업이 아니고 기반시설, 주거환경을 개선하는 사업으로 도로만 가지고 있어도 입주권을 받을 수 있다.

_30m² 이상 90m² 미만_

1) 2003년 12월 이전 분할

2) 사업시행인가 고시부터 공사 완료시까지 분양신청인 및 세대 전원 무주택자

3) 단 지목상 도로이고 현황상 도로로 이용되면 제외 정관에 따라 상의

Q7. 2008년 이전에 신축한 원룸인데 구역 지정 이후 어떤 곳에서는 조합원이 된다. 어떤 곳에서는 조합원 자격이 없다 해서 분양권을 받을 수 없다는데 어떤 게 맞는 것인가?

A. 크기를 떠나 조합원 자격은 둘 다 있다. 하지만 분양 자격이 있느냐 없느냐의 문제는 좀 다르다. 기본계획수립(2010. 7. 16) 전

에 신축을 한 건축물 중 2008년 7월 30일 이후 신축한 물건, 일명 지분 쪼개기를 한 물건은 분양자격이 없다. 다행히 2008년 전이라 하니 분양자격이 부여된다.

또한 토지를 분할하는 경우도 있다. 이 또한 2003년 12월 30일 이후 분할한 물건은 분양자격이 없으니 조심해야 한다.

사례

| 토지 분할 | ⇒ | 2003년 12월 30일 이후 분할 |
| 신축 원룸 지분 분할 | ⇒ | 2008년 7월 30일 이후 신축 분할 |

*기본계획수립(2010. 7. 16 전)   *분양자격 없음!! 현금청산됨!!

도시 및 주거환경 정비법
질의회신 사례

재개발·재건축시 도시 및 주거환경 정비법을 적용하는 경우가 많다. 2017년 국토부에서는 도시 및 주거환경 정비법에 대한 질의회신 사례집을 펴낸 바 있다. 이중 개인에게 가장 유용하다고 보는 항목을 뽑아 소개하겠다. 전체를 원하는 사람은 국토부 홈페이지에 가서 질의회신 사례집 전문을 다운로드 받을 수 있다.

- 조합설립·운영
- 조합원 자격 및 동의자수 산정에 관한 질의응답

필지의 토지를 수인이 공유하는 경우 토지면적 동의율 산정
(법제처, '11, 12, 8.)

질의요지

도시정비법 제16조 제1항에 따르면 도시환경정비사업의 추진위원회가 조합을 설립하고자 하는 때에는 토지 등 소유자의 4분의 3 이상 및 토지면적의 2분의 1 이상의 토지소유자의 동의를 얻어 시장·군수의 인가를 받아야 하는데, 토지면적의 2분의 1 이상의 토지소유자의 동의율을 산정함에 있어 정비사업구역 내에 1개 필지의 토지를 공유하고 있는 수인 간 조합설립을 위한 동의여부에 대하여 의견이 일치하지 않아 수인을 대표하는 1인을 정하지 못한 경우, 조합설립에 동의한 자의 지분에 해당하는 면적만큼 동의한 것으로 산정할 수 있는지?

회신내용

도시정비법 제16조 제1항에 따른 토지면적의 2분의 1 이상의 토지소유자의 동의율을 산정함에 있어, 정비사업구역내에 1개 필지의 토지를 공유하고 있는 수인 간 조합설립을 위한 동의 여부에 대하여 의견이 일치하지 않아 수인을 대표하는 1인을 정하지 못한 경우, 조합설립에 동의한 자의 지분에 해당하는 면적만큼 동의한 것으로 산정할 수는 없다고 할 것임.

조합과 개인이 각각 50% 지분을 가진 경우 조합원 자격 여부 ('09. 3. 20.)

질의요지

주택재건축사업 조합에서 지분(건축물+토지)을 50% 갖고 있고, 잔여 50% 지분(건축물+토지)을 본인이 갖고 있는 경우 조합원이 될 수 있는지?

회신내용

도시정비법 제19조 제1항의 규정에서는 "정비사업의 조합원은 토지 등 소유자(주택재건축사업 사업의 경우에는 주택재건축사업에 동의한 자에 한한다)로 하되, 토지 또는 건축물의 소유권과 지상권이 수인의 공유에 속하는 때에는 그 수인을 대표하는 1인을 조합원으로 본다."라고 조합원이 될 수 있는 자격을 규정하고 있음.

따라서 질의의 경우 조합은 사업시행자로서 조합원이 될 수 있는 지위에 있지 아니하므로 상기 규정에 따른 대표로 귀하가 선임될 수 있는 것으로 보이는 바, 귀하께서 당해 주택재건축사업에 동의할 경우 조합원이 될 수 있을 것임.

단지 내 도로부지 소유자의 조합원 자격 여부

('10. 7. 1.)

질의요지

재건축정비구역에 포함된 단지 내 도로부지 소유자도 조합원이 될 수 있는지?

회신내용

정비구역 안에서 추진하는 재건축사업의 조합원은 도시정비법 제1조 제9호 및 제19조 제1항에 따라 건축물과 그 부속 토지를 함께 소유한 자가 될 수 있는 것임.

일부 토지를 양도한 경우 조합원 자격 유무

('12. 10. 4.)

질의요지

주택재개발 정비사업조합에서 다수 필지의 토지 또는 다수의 건축물을 소유하고 있던 1인이 조합설립인가 이후 토지 또는 건축물의 일부를 다른 사람에게 양도했을 경우, 조합원 자격이 있는지 여부.

가. 도시정비법 제19조 제1항 제3호에 따라 정비사업의 조합원은 토지등소유자로 하되, 조합설립인가 후 1인의 토지등소유자로부터 토지 또는 건축물의 소유권이나 지상권을 양수하여 수인이 소유하게 된 때에는 그 수인을 대표하는 1인을 조합원으로 보도록 하고 있음.

나. 또한, 도시정비법(법률 제9444호) 부칙 제10조에 따르면 조합설립인가를 받은 정비구역에서 2011년 1월 1일 전에 다음 각 목(토지의 소유권, 건축물의 소유권, 토지의 지상권)의 합이 2이상을 가진 토지등소유자가 2012년 12월 31일까지 다음 각 목의 합이 2(조합설립인가 전에 「임대주택법」 제6조에 따라 임대사업자로 등록한 토지등소유자의 경우에는 3을 말하며, 이 경우 임대주택에 한정한다) 이하를 양도하는 경우 법 제19조 제1항 3호의 개정규정에도 불구하고 조합원 자격의 적용에 있어서는 종전의 규정(2009.2.6. 법률 제9444호로 개정되기 전의 법률)에 따르도록 하고 있음.

1인 소유 다세대건물을 매매하였을 경우 조합원의 자격
('12. 7. 19.)

질의요지

조합설립인가 시 A라는 1인 소유의 다세대건물(10세대, 각각 소유 등기)을 2011. 1. 1 이후에 9세대를 매매했을 경우 조합원의 자격은 어떻게 되는지, A가 9세대를 매매하고, 본인의 소유물건 또한 매매를 했을 경우 조합원의 자격이 주어지는지 여부.

회신내용

법률 제9444호 도시정비법 부칙 제10조에 따르면 조합설립인가를 받은 정비구역에서 2011년 1월 1일 전에 다음 각 목(토지의 소유권, 건축물의 소유권, 토지의 지상권)의 합이 2 이상을 가진 토지등소유자가 2012년 12월 31일까지 다음 각 목의 합이 2(조합설립인가 전에「임대주택법」제6조에 따라 임대사업자로 등록한 토지등소유자의 경우에는 3을 말하며, 이 경우 임대주택에 한정한다) 이하를 양도하는 경우 법 제19조 제1항 제3호의 개정규정에도 불구하고 조합원 자격의 적용에 있어서는 종전의 규정(2009. 2. 6. 법률 제9444호로 개정되기 전의 법률)에 따르도록 하고 있음.

1세대에 속하는 토지 등 소유자에게 토지를 구입한 경우 조합원 자격('12. 7. 25.)

질의요지

가. 조합설립인가 후 1세대에 속하는 토지등소유자 A, B, C, D 중 C 로부터 토지를 구입한 갑의 경우 1인 단독 조합원으로 볼 수 있는 지, 아니면 A, B, 갑, D를 대표하는 1인을 조합원으로 볼 수 있는지?

나. 조합설립인가 후 1세대에 속하는 수인의 토지등소유자 A, B, C, D를 도시정비법 제19조제1항 제3호의 1인의 토지등소유자와 동 등하게 볼 수 있는지?

회신내용

도시정비법 제19조 제1항 제2호에 따라 조합원은 토지등소유자로 하되, 수인의 토지등소유자가 1세대에 속하는 때에는 그 수인을 대 표하는 1인을 조합원으로 보도록 하고 있으나, 조합설립인가 후 1 세대가 소유하는 해당 토지를 1세대가 아닌 사람이 소유하게 된 경우 이를 1세대 내의 토지로 보아 그 수인을 대표하는 1인을 조합 원으로 보도록 하는 별도의 규정은 없으므로, 1세대에 속하는 토지 를 1세대가 아닌 사람이 소유하게 된 때에는 해당 토지등소유자를 조합원으로 봄이 타당할 것으로 판단됨.

다수의 주택을 소유한 법인이 개인에게 매도한 경우 조합원 수 ('14. 11. 27.)

질의요지

조합설립 인가 당시 하나의 법인이 공단에서 122세대의 아파트를 소유하고 있어서 공단을 1인의 조합원으로 인정하였으나, 공단이 조합설립인가 이후 122세대 전체를 다시의 개인들에게 매도한 경우로서,

가. 주택재건축 조합설립인가(2009. 6. 8.) 후 당초 조합 설립 시 미동의자에 대하여 추가로 조합설립 동의서를 받고자 할 경우 당초 조합설립인가 시 조합설립동의서 양식으로 동의를 받아야 하는지 아니면 개정된 현행 도시정비법 시행규칙 별지 제4호의 3 서식에 따라 동의를 받아야 하는지?

나. 도시정비법 제16조의 규정에 따라 구역 내 전체 토지등소유자에게 현행 서식에 따라 조합설립동의서를 다시 받아 조합설립 변경인가를 신청할 수 있는지와 신청할 수 있다면 조합원 수 산정 방법은?

회신내용

가. 조합설립인가(2009. 6. 8.) 후 추가로 조합설립 동의를 받는 경우 현행 「도시정비법 시행규칙」 별지 제4호의3서식의 조합설립동의서를 받아야 할 것임.

나. 도시정비법 제19조 제1항 제3호에 따르면 조합설립인가 후 1인 의 토지등소유자로부터 토지 또는 건축물 소유권이나 지상권을 양 수하여 수인이 소유하게 된 때에는 그 수인을 대표하는 1인을 조 합원으로 보도록 하고 있으므로, 귀 질의의 경우와 같이 구역 내 현재의 전체 토지등소유자에게 조합설립동의서를 다시 받아 조합 설립 변경인가를 신청할 문제는 아님.

공단 소유 주택을 공매로 받은 경우 조합원의 자격 ('15. 12. 30.)

질의요지

조합설립인가 후 A공단이 소유한 다수의 주택을 각각 공매로 낙찰 받은 경우 낙찰자는 조합원의 자격이 있는지 여부

회신내용

도시정비법 제19조 제1항 제3호에 따르면 조합설립인가 후 1인의 토지등소유자로부터 토지 또는 건축물의 소유권이나 지상권을 양 수하여 수인이 소유하게 된 때에는 그 수인을 대표하는 1인을 조 합원으로 보도록 규정하고 있는 바,

질의의 경우가 동 규정에서 명시한 바와 같이 조합설립인가 후 1 인의 토지등소유자(A공단)로부터 토지 또는 건축물의 소유권을 양 수하여 수인이 소유하게 된 때에는 그 수인을 대표하는 1인을 조

합원으로 보아야 할 것임.

동의자(다세대 소유)로부터 주택을 양수한 자의 조합원 자격
(법제처, '16. 8. 11.)

질의요지

주택재건축사업의 경우, 조합설립인가 후 주택재건축사업에 동의
하지 않은 1인의 토지등소유자로부터 건축물 및 토지의 소유권을
수인이 양수하고, 양수한 수인이 주택재건축사업에 동의한 경우에
그 수인을 대표하는 1인에게만 조합원 자격이 인정되는지, 아니면
수인이 각각 조합원 자격이 있는지?

회신내용

주택재건축사업의 경우, 조합설립인가 후 주택재건축사업에 동의
하지 않은 1인의 토지등소유자로부터 건축물 및 토지의 소유권을
수인이 양수하고, 양수한 수인이 주택재건축사업에 동의한 경우에
그 수인을 대표하는 1인에게만 조합원 자격이 인정됨.

아파트 및 상가 소유자가 아파트만을 분양신청할 수 있는지 ('15. 12. 30.)

질의요지

재건축사업에서 아파트 1채, 상가 1호를 가진 조합원이 상가를 분양신청하지 않고 아파트만을 분양신청할 수 있는지?

회신내용

도시정비법 시행령 제52조 제2항 제2호에 따르면 부대·복리시설의 소유자에게는 부대·복리시설을 공급하도록 하고 있으나, 도시정비법 시행령 제52조 제2항 제2호 각목의 1에 해당하는 경우에는 1주택을 공급할 수 있도록 하고 있으므로, 질의하신 사항의 경우 상가에 대하여는 동 규정을 적용하면 될 것으로 판단되나, 이 경우 분양받는 주택의 합은 2주택(1주택은 주거전용면적 60제곱미터 이하)까지 가능할 것으로 판단됨.

다주택자, 상가 및 주택 소유자에 대한 주택 공급 방법
('14. 8. 22.)

질의요지

질의1 :

가. 다주택소유 조합원(아파트 2주택 소유)인 경우, 도시정비법 제48조 제2항 제7호 다목에 의하여 소유한 2개 주택의 종전자산가격의 합산 금액 또는 종전주택의 주거전용면적의 합산 면적 내에서 2주택을 공급할 수 있는지?

나. 1인이 아파트와 상가를 소유한 경우 아파트와 상가의 종전자산가격 합산 범위 내에서 2주택 공급이 가능한지?

다. 동일한 세대에 속하는 A(아파트소유자)와 B(상가소유자)의 종전자산 합계 범위 내에서 2주택을 공급할 수 있는지?

라. 상가를 소유한 조합원에게 종전자산가격의 범위에서 도시정비법 제48조 제2항 제7호 다목에 의해 2주택을 공급할 수 있는지?

질의2 : A와 B는 1세대에 속하면서 A는 아파트를 B는 상가를 소유한 경우

마. A는 아파트를 B는 상가를 분양 신청하여 각각 공급할 수 있는지?

바. 도시정비법 시행령 제52조 제2항 제2호와 조합정관에 따라

부대복리시설(상가) 소유자에게도 아파트를 분양받을 수 있는 경우에 A와 동일세대인 B도 아파트를 공급할 수 있는지?

사. 동일한 세대에 속하는 A와 B의 아파트 또는 상가를 (조합원 지위 제외) 매입하는 자(C)는 도시정비법 제19조 제1항 제3호에 의거 조합원의 자격을 취득할 수 없으므로 현금으로 청산 대상인지?

회신내용

가. 질의 "가"에 대하여, 다주택소유 조합원의 경우 도시정비법 제48조 제2항 제7호 다목에 의하여 소유한 다주택의 종전자산가격의 합산 금액 또는 종전주택의 주거전용면적의 합산면적 내에서 2주택을 공급할 수 있을 것임.

나. 질의 "나"에 대하여, 1인이 아파트와 상가를 소유한 경우 아파트에 대하여는 주택을 공급할 수 있을 것이며, 이와 별도로 상가는 도시정비법 시행령 제52조 제2항 제2호를 따르되, 주택의 합은 2주택(1주택은 주거전용면적 60제곱미터 이하)까지 공급할 수 있을 것임.

다. 질의 "다", "마", "바"에 대하여, 도시정비법 제19조 제1항 제2호에 따른 대표조합원이 아파트와 상가를 소유한 경우로 보아, 아파트에 대하여는 주택을 공급할 수 있을 것이며, 이와 별도로 상가는 도시정비법 시행령 제52조 제2항 제2호를 따르되, 그 결과 총 2주택(1주택은 주거전용면적 60제곱미터 이하)까지 공급받을 수 있을 것임.

라. 질의 "라"에 대하여, 상가를 소유한 조합원은 도시정비법 시행령 제52조 제2항 제2호를 따라야 할 것임.

마. 질의 "사"에 대하여, 질의의 경우는 도시정비법 제19조 제1항 제3호에 해당하지 않으며, 따라서 C는 조합원의 자격을 취득할 수 있을 것임.

현금청산자의 조합원 자격 부여 및 추가분양신청('15. 11. 18.)

질의요지

가. 분양신청기간 이내에 분양신청을 하지 않은 현금청산자에게 정관을 변경하여 변경된 정관에 따라 조합원 자격 부여가 가능한지?

나. 조합원 자격 부여가 가능하여 조합이 향후 추가로 분양신청을 받는다면 분양신청에 대한 방법 및 절차, 기한 등을 조합 대의원회의에서 결정할 수 있도록 정관변경을 할 경우 대의원회의에서 결정할 수 있는지?

회신내용

가. 질의 "가"에 대하여, 도시정비법 제20조 제1항 제2호에 따라 "조합원의 자격에 관한 사항"은 정관에 포함하도록 하고 있으므로, 분양신청기간 이내에 분양신청을 하지 않은 자에 대한 조합원 자격 여부는 해당 조합의 정관에 따라야 할 것임.

나. 질의 "나"에 대하여, 분양신청 절차 등에 관한 사항은 도시정비

법 제46조 및 같은 법 시행령 제47조에 따라 시행하여야 할 것이며, 같은 법 제46조에서 사업시행자는 사업시행인가의 고시가 있은 날부터 60일 이내에 개략적인 부담금내역 및 분양신청기간 그 밖에 대통령령이 정하는 사항을 토지등소유자에게 통지하여야 하고, 분양신청기간은 그 통지한 날로부터 30일 이상 60일 이내로 하여야 하며 사업시행자는 관리처분계획의 수립과 지장이 없다고 판단하는 경우에는 분양신청기간을 20일 범위 이내에서 연장할 수 있도록 하고 있음.

세금문제를 어떻게 풀어가나

Q. 재개발 지역의 주택을 구입할 시 들어가는 세금은?

A. 우선, 취득세다. 조합원 지분은 언제 사는 것이 취득세가 가장 저렴할까. 취득세 구조를 잠깐 들여다보자. 취득세율은 주택과 그 외의 부동산으로 구분해 별도 세율이 적용된다. 주택은 매매가격의 1~3%의 세율이 차등 적용된다. 반면 그 외의 부동산은 일률적으로 4% 세율이 적용된다. 따라서 재개발 지분을 살 때 주택인 상태에서 사느냐, 주택이 아닌 상태에서 취득하느냐에 따라 세금이 달라지게 된다.

예를 들어 조합원 지분이 관리처분 이후 주택이 아닌 상태에서 사는 경우라면 땅을 사는 것이 되기 때문에 4%의 취득세율이 적용된다. 매매가격이 5억 원인 집을 주택 상태에서 취득하면 1% 세율(6억 원 이하)이 적용된다. 취득세는 500만 원이 부과된다. 그런데,

같은 조합원 지분이라도 토지 상태에서 사게 되면 취득세로 2,000만원을 내야 한다. 세 부담이 4배로 늘어난다. 그렇다면 주택이냐, 아니냐는 어떻게 구분할까.

Q. 보유할 때의 세금은 어떻게 되는가?

A. 재산세도 주택 여부에 따라 과세기준이 달라지게 된다. 종합부동산세는 재산세 과세기준을 따르기 때문에 동일하게 판단한다. 주택 상태에서는 개별주택가격, 공동주택가격 등 고시된 가격이 과세기준이 된다. 여기에 0.1~0.4%의 세율이 차등 적용된다. 토지는 개별공시지가가 과세기준이 되고, 아파트 공급 목적의 토지이므로 분리과세된다. 즉, 다른 재산세처럼 합산되지 않고 0.2%의 단일세율로 과세된다. 또한 사업용 토지이므로 종합부동산세 과세대상에서도 제외된다.

결국 고가 아파트를 재건축한다면 소유자는 철거 이후엔 재산세가 크게 절감된다. 특히 종합부동산세 과세대상에서도 빠져 절세효과가 커진다. 반면 재개발 지역 내 소형 주택 보유자의 경우 오히려 재산세 부담이 커지는 경우가 종종 생긴다. 이유는 종전에 주택으로서 0.1%의 최저세율을 적용받던 사람이 0.2%의 단일세율로 변경되는 탓이다. 무엇보다 과세기준 금액이 증가되는 사례(개별주택가격이 단순 토지상태의 개별공시지가보다 적은 경우)가 적지 않기 때문이다.

재산세와 종합부동산세의 경우 과세기준일이 매년 6월 1일이다.

그렇다면 5월 30일까지 이주 완료해 단전·단수 등 절차를 완료할 경우 주택이 아닌 사업용 토지로서 과세한다. 종합부동산세가 부담된다면 해당일 이전까지 이주 완료 등을 통해 절세가 가능하다. 조합원 지분 취득자 역시 과세기준일이 지난 6월 2일 이후 취득해 재산세와 종합부동산세를 1년 유예시킬 수 있다.

Q. 재개발·재건축 주택을 팔려고 한다면?

A. 양도소득세는 취득 시점이 매우 중요하다. 이유는 관리처분인가일을 기준으로 그 이전에는 주택을 취득한 것으로 보고, 그 시점 이후부터는 조합원의 입주권을 취득한 것으로 보아 그 취급이 크게 달라지기 때문이다. 이는 취득세 과세 시 실질적인 주택으로서의 판단기준일과는 다르기 때문에 주의해야 한다. 이주완료 이전 주택을 취득해 주택으로서의 취득세를 낸 경우에도, 관리처분인가일 이후 취득했다면 입주권의 취득으로 보아 불이익을 당할 수 있다.

우선 주택으로서의 보유기간 판단이다. 관리처분인가일 이전에 조합원 주택 지분을 취득 시, 공사기간을 보유기간에 포함시킨다. 따라서 최초 조합원 지분을 취득했을 때부터 공사 완료 후 아파트 상태로 양도할 때까지가 주택으로서의 보유기간이 된다.

예를 들어 1억 원에 재개발 주택을 취득하고, 이를 준공 후 9억 원에 양도한다고 해보자. 관리처분인가일 이전에 취득한 경우 공사기간이 보유기간에 포함돼 준공 후 즉시 양도해도 다른 주택이 없는 한 1세대 1주택 비과세규정에 의하여 양도소득세를 한 푼도 안 낸다(단, 조정대상지역 내에서 2017년 8월 3일 이후 취득 주택의 경우 2년 이상 거주 요건이 추가됨).

반면 관리처분인가일 이후에 취득하는 경우 준공 이후부터 주택 보유기간이 시작되기 때문에 준공 후 즉시 양도 시 40%의 높은 단기보유 세율이 적용돼 큰 낭패를 보게 된다. 따라서 양도소득세의 관점에서는 무조건 관리처분인가일 이전에 취득해야 세금혜택을 볼 수 있다.

Q. 분양권과 입주권 소유자도 유주택자라는데?

A. "주택공급에 관한 규칙" 개정안 시행일 2018년 12월 11일 이후, 입주모집공고, 관리처분계획(정비사업) 및 사업계획(지역주택조합) 승인신청한 주택에 대해서는, 분양권과 입주권을 최초 공급받아 공급계약을 체결한 날 또는 해당 분양권 등을 매수해 매매잔금을 완납한 날(실거래신고서상)부터 주택을 소유한 것으로 본다.

미계약분 분양권 취득 시에도 유주택으로 간주하는데, 여기서 미계약분이란 아파트 청약 일반 공급 내 경쟁률이 높았으나 당첨 부적격자 및 계약 포기자로 인해 발생한 미계약 잔여 물량을 말한다.

2018년 12월 11일 이후 분양권을 구매한 경우도 유주택으로 간주한다.

부록

서울의 자치구별
재개발·재건축 현황

다음의 현황 내용은 2019년 6월 기준 내용입니다.
현재 상태의 최종 내용을 알고자 하는 사람은

서울특별시 재개발·재건축 클린업시스템

cleanup.seoul.go.kr

로 들어가 확인하시면 됩니다.

자치구 기준 재건축 지역

조합설립인가

번호	자치구	사업 구분	사업장 명	대표 지번
1	강남구	주택재건축	개포시영아파트중심상가 재건축정비사업조합	개포동 656-3
2	강남구	주택재건축	논현청학아파트 재건축정비사업 조합	논현동 62-3
3	강남구	주택재건축	대성연립주택 재건축정비사업 조합	논현동 191-4
4	강남구	주택재건축	대치우성1차아파트 재건축정비사업 조합	대치동 63
5	강남구	주택재건축	개포한신아파트 재건축정비사업 조합	도곡동 464
6	강남구	주택재건축	도곡삼호아파트 재건축정비사업 조합	도곡동 540
7	강남구	주택재건축	압구정한양7차아파트 재건축정비사업 조합	압구정동 528
8	강남구	주택재건축	역삼동(758,은하수A,760) 주택재건축정비사업 조합	역삼동 758
9	강남구	주택재건축	일원개포한신아파트 재건축정비사업 조합	일원동 615-1
1	강동구	주택재건축	천호3 주택재건축정비사업 조합	천호동 423-76

번호	자치구	사업 구분	사업장 명	대표 지번
1	강북구	주택재건축	미아4재정비촉진구역 주택재건축정비사업 조합	미아동 1261-376
1	강서구	주택재건축	경남1차 주택재건축정비사업 조합	내 발 산 동 716-20
2	강서구	주택재건축	방화6재정비촉진구역 주택재건축정비사업조합	방화동 608-97
3	강서구	주택재건축	덕수연립주택 재건축정비사업 조합	염창동 283
1	광진구	주택재건축	성화연립 주택재건축정비사업	자양동 199-2
2	광진구	주택재건축	자양아파트 주택재건축정비사업 조합	자양동 658-14
1	구로구	주택재건축	개봉제5 주택재건축정비사업 조합	개봉동 68-64
2	구로구	주택재건축	개봉4 주택재건축 정비사업조합	개봉동 288-7
3	구로구	주택재건축	동양연립(궁동) 주택재건축정비사업 조합설립추진위원회	궁동 171-1
4	구로구	주택재건축	오류동 현대연립 주택재건축 정비사업조합	오류동 156-15
5	구로구	주택재건축	대흥성원동진빌라 주택재건축정비사업조합	온수동 45-32
1	금천구	주택재건축	무지개아파트 일대 재건축정비사업조합	시흥동 109

번호	자치구	사업 구분	사업장 명	대표 지번
1	노원구	주택재건축	월계동신아파트주택재건축정비사업조합	월계동 436
2	노원구	주택재건축	월계동 주택재건축정비사업조합	월계동 487-17
1	동작구	주택재건축	사당5 주택재건축정비사업조합	사당동 303
1	마포구	주택재건축	상명삼락주택 재건축정비사업조합	망원동 472-1
1	서대문구	주택재건축	홍은동 제5주택재건축정비사업조합	홍은동 277-45
2	서대문구	주택재건축	홍제3구역 주택재건축정비사업조합	홍제동 104-41
1	성동구	주택재건축	한남하이츠아파트 주택재건축정비사업조합	옥수동 220-1
2	성동구	주택재건축	응봉1구역 주택재건축정비사업조합	응봉동 193-162
1	성북구	주택재건축	안암제1구역 주택재건축정비사업조합	안암동3가 136-1
2	성북구	주택재건축	정릉제1구역 주택재건축정비사업조합	정릉동 150-27
1	서초구	주택재건축	신성빌라 주택재건축정비사업조합	방배동 593-98
2	서초구	주택재건축	서초중앙하이츠2구역 주택재건축정비사업조합	방배동 1000-3

번호	자치구	사업 구분	사업장 명	대표 지번
3	서초구	주택재건축	서초중앙하이츠1구역 주택재건축정비사업조합	방배동 1000-4
4	서초구	주택재건축	방배삼익아파트 주택재건축정비사업조합	방배동 1018-1
5	서초구	주택재건축	남양연립 주택재건축정비사업조합	서초동 1611-1
6	서초구	주택재건축	신반포18차(337동) 주택재건축정비사업조합	잠원동 49-17
7	서초구	주택재건축	신반포12차아파트 주택재건축정비사업조합	잠원동 50-5
8	서초구	주택재건축	신반포16차아파트 주택재건축정비사업조합	잠원동 55-10
9	서초구	주택재건축	신반포27차아파트 주택재건축정비사업조합	잠원동 56-2
10	서초구	주택재건축	신반포21차아파트 주택재건축정비사업조합	잠원동 59-10
11	서초구	주택재건축	신반포20차아파트 주택재건축정비사업조합	잠원동 60-78
12	서초구	주택재건축	신반포19차아파트 주택재건축정비사업조합	잠원동 61-2
13	서초구	주택재건축	신반포7차아파트 주택재건축정비사업조합	잠원동 65-32
1	송파구	주택재건축	잠실5단지 주택재건축정비사업조합	잠실동 27
2	송파구	주택재건축	잠실우성4차 주택재건축정비사업조합	잠실동 320

번호	자치구	사업 구분	사업장 명	대표 지번
1	영등포구	주택재건축	유원제일1차아파트 주택재건축정비사업조합	당산동4가 91
2	영등포구	주택재건축	상아현대아파트 주택재건축정비사업조합	당산동5가 4-13
3	영등포구	주택재건축	유원제일2차 주택재건축정비사업조합	당산동5가 7-2
4	영등포구	주택재건축	남성아파트 주택재건축정비사업조합	문래동2가 35
5	영등포구	주택재건축	진주아파트 주택재건축정비사업	문래동5가 22
6	영등포구	주택재건축	신길10재정비촉진구역 주택재건축정비사업 사업시행자(한국토지신탁)	신길동 3590
7	영등포구	주택재건축	삼성아파트 주택재건축정비사업조합	신길동 4759
1	용산구	주택재건축	산호아파트 주택재건축정비사업조합	원효로4가 118-16
2	용산구	주택재건축	왕궁아파트 주택재건축정비사업조합	이촌동 300-11
3	용산구	주택재건축	한강맨션아파트 주택재건축 조합	이촌동 300-23
4	용산구	주택재건축	한강삼익아파트 주택재건축정비사업 조합	이촌동 300-301
5	용산구	주택재건축	한양철우아파트 주택재건축 정비사업조합	한강로3가 65-500
1	은평구	주택재건축	연희빌라주택재건축정비사업조합설립추진위원회	구산동 307-1

자치구 기준 재건축 지역

사업시행인가

번호	자치구	사업 구분	사업장 명	대표 지번
1	강남구	주택재건축	쌍용아파트2차 재건축정비사업조합	대치동 65
2	강남구	주택재건축	쌍용아파트1차 재건축정비사업조합	대치동 66
1	강동구	주택재건축	둔촌동 삼익빌라 주택재건축정비사업조합	둔촌동 85-2
2	강동구	주택재건축	목화연립 주택재건축정비사업조합	성내동 209
3	강동구	주택재건축	천호2 주택재건축정비사업조합	천호동 437-5
1	강서구	주택재건축	등촌1구역주택재건축정비사업조합	등촌동 366-24
2	강서구	주택재건축	신안빌라 주택재건축정비사업조합	마곡동 327-53
3	강서구	주택재건축	화곡1 주택재건축정비사업조합	화곡동 1027-50
1	광진구	주택재건축	모진연립 주택재건축정비사업조합	화양동 499-18

번호	자치구	사업 구분	사업장 명	대표 지번
1	구로구	주택재건축	길훈아파트 주택재건축정비사업 조합	개봉동 312-38
1	마포구	주택재건축	공덕1구역 주택재건축정비사업 조합	공덕동 105-84
1	서대문구	주택재건축	홍은 제1주택재건축정비사업조합	홍은동 104-4
2	서대문구	주택재건축	홍제동 제1주택재건축정비사업 조합	홍제동 57-5
1	성북구	주택재건축	석관제1구역 주택재건축정비사업조합	석관동 341-16
2	성북구	주택재건축	정릉7 주택재건축정비사업 조합	정릉동 506-159
1	서초구	주택재건축	반포아파트(제3주구) 주택재건축정비사업 조합	반포동 1053
2	서초구	주택재건축	반포주공1단지(1,2,4주구) 주택재건축정비사업 조합	반포동 812
3	서초구	주택재건축	방배13구역 주택재건축정비사업조합	방배동 541-2
4	서초구	주택재건축	방배14구역 주택재건축정비사업조합	방배동 975-35
5	서초구	주택재건축	서초신동아아파트 주택재건축정비사업조합	서초동 1334
6	서초구	주택재건축	경도연립 주택재건축정비사업조합	서초동 1344-2
7	서초구	주택재건축	신반포4지구 재건축정비사업조합	잠원동 60-3

번호	자치구	사업 구분	사업장 명	대표 지번
8	서초구	주택재건축	신반포22차아파트 주택재건축정비사업조합	잠원동 65-33
9	서초구	주택재건축	반포우성아파트 재건축조합	잠원동 74-1
1	송파구	주택재건축	문정동 136번지일원 주택재건축정비사업조합	문정동 136
1	영등포구	주택재건축	대림3주택재건축정비사업조합	대림동 917-49
1	은평구	주택재건축	신사1 주택재건축정비사업 조합	신사동 170-12
2	은평구	주택재건축	응암제4구역 주택재건축정비사업조합	응암동 225-1

자치구 기준 재건축 지역

관리처분계획인가

번호	자치구	사업 구분	사업장 명	대표 지번
1	강남구	주택재건축	개포주공4단지아파트 재건축정비사업 조합	개포동 189
2	강남구	주택재건축	개포1동주공아파트 재건축 정비사업조합	개포동 660-4
3	강남구	주택재건축	대치동구마을1지구 재건축정비사업 조합	대치동 963
4	강남구	주택재건축	대치동 구마을 제3지구 재건축정비사업조합	대치동 964
5	강남구	주택재건축	대치제2지구 재건축정비사업조합	대치동 977
6	강남구	주택재건축	홍실아파트 재건축정비사업 조합	삼성동 79
7	강남구	주택재건축	개나리4차아파트 재건축정비사업 조합	역삼동 712
8	강남구	주택재건축	일원대우아파트 재건축정비사업조합	일원동 690-1
9	강남구	주택재건축	청담삼익아파트 재건축정비사업 조합	청담동 134-18
1	강동구	주택재건축	길동신동아1,2차아파트 주택재건축정비사업조합	길동 160
2	강동구	주택재건축	둔촌주공아파트 주택재건축정비사업조합	둔촌동 172

번호	자치구	사업 구분	사업장 명	대표 지번
1	강북구	주택재건축	미아동 3-111 일대 주택재건축정비사업조합	미아동 3-111
1	강서구	주택재건축	세림연립 주택재건축정비사업 조합	등촌동 656-35
2	강서구	주택재건축	원일빌라 주택재건축정비사업조합	방화동 278-7
3	강서구	주택재건축	등마루아파트 주택재건축정비사업 조합	염창동 275-5
1	관악구	주택재건축	강남아파트 주택재건축정비사업 조합	신림동 1644
1	광진구	주택재건축	자양1 주택재건축정비사업조합	자양동 236
1	노원구	주택재건축	공릉1(태릉현대) 주택재건축정비사업조합	공릉동 230
2	노원구	주택재건축	상계주공8단지 주택재건축정비사업 조합	상계동 677
1	동작구	주택재건축	상도대림아파트 주택재건축 조합	상도동 36-1
1	마포구	주택재건축	망원동438 주택재건축정비사업조합	망원동 438-46
1	서대문구	주택재건축	홍은동제2 주택재건축정비사업 조합	홍은동 338-5

번호	자치구	사업 구분	사업장 명	대표 지번
1	서초구	주택재건축	신반포3차, 경남 주택재건축정비사업조합	반포동 1-1
2	서초구	주택재건축	신반포15차아파트 주택재건축정비사업조합	반포동 12
3	서초구	주택재건축	반포현대아파트 주택재건축정비사업조합	반포동 30-15
4	서초구	주택재건축	삼호가든맨션3차 재건축정비사업조합	반포동 32-8
5	서초구	주택재건축	방배6구역 주택재건축 정비사업 조합	방배동 818-14
6	서초구	주택재건축	방배5구역 주택재건축정비사업조합	방배동 946-8
7	서초구	주택재건축	방배경남아파트 주택재건축정비사업조합	방배동 1028-1
8	서초구	주택재건축	서초무지개아파트 재건축정비사업 조합	서초동 1335
9	서초구	주택재건축	서초우성1차아파트 재건축정비사업조합	서초동 1336
10	서초구	주택재건축	신반포13차 주택재건축정비사업 조합	잠원동 52-2
11	서초구	주택재건축	신반포6차아파트 주택재건축정비사업 조합	잠원동 74-2
12	서초구	주택재건축	신반포14차 주택재건축정비사업 조합	잠원동 74
1	송파구	주택재건축	잠실미성·크로바아파트 주택재건축정비사업조합	신천동 17-6
2	송파구	주택재건축	잠실진주아파트 주택재건축정비사업조합	신천동 20-4

자치구 기준 재개발 지역

조합설립인가

번호	자치구	사업 구분	사업장 명	대표 지번
1	강북구	주택재개발	미아2재정비촉진구역 주택재개발정비사업 조합	미아동 403
2	강북구	주택재개발	미아3재정비촉진구역 주택재개발정비사업조합	미아동 439
1	관악구	주택재개발	봉천제4-1-2구역 주택재개발정비사업 조합	봉천동 산 101
2	관악구	주택재개발	봉천4-1-3구역 주택재개발정비사업조합	봉천동 480
3	관악구	주택재개발	신림2재정비촉진구역 주택재개발정비사업조합	신림동 324- 25
1	구로구	주택재개발	고척제4구역 주택재개발정비사업조합	고척동 148
1	금천구	주택재개발	금천구 임시 홈페이지 (클린업사무실 개발용)	가산동 1
1	노원구	주택재개발	상계5재정비촉진구역 주택재개발정비사업 조합	상계동 109- 43
2	노원구	주택재개발	상계2재정비촉진구역 주택재개발정비사업 조합	상계동 자력2 구역 17블럭 1롯트

번호	자치구	사업 구분	사업장 명	대표 지번
3	노원구	주택재개발	상계1재정비촉진구역 주택재개발정비사업 조합	상계동 자력6구역 8블럭 9롯트
1	동대문구	주택재개발	이문4재정비촉진구역 주택재개발정비사업조합	이문동 86-1
2	동대문구	도시환경정비	전농 도시환경정비사업조합	전농동 494
3	동대문구	주택재개발	제기 제6구역 주택재개발정비사업조합	제기동 120-104
4	동대문구	주택재개발	제기 제4구역 주택재개발정비사업조합	제기동 288
5	동대문구	주택재개발	청량리 제8구역 주택재개발정비사업조합	청량리동 435
1	동작구	주택재개발	노량진3 재정비촉진구역 조합	노량진동 232-19
2	동작구	주택재개발	노량진5 재정비촉진구역 조합	노량진동 270-3
3	동작구	주택재개발	노량진1 재정비촉진구역 조합	노량진동 278-2
4	동작구	주택재개발	흑석11재정비촉진구역 주택재개발정비사업조합	흑석동 304
1	서대문구	주택재개발	영천구역 주택재개발정비사업조합	영천동 69-20
2	서대문구	주택재개발	충정로제1구역 주택재개발정비사업조합	충정로3가 281-9
3	서대문구	도시환경정비	홍제제2구역 도시환경정비사업조합	홍제동 323-11

번호	자치구	사업 구분	사업장 명	대표 지번
1	성동구	주택재개발	성수전략정비구역 제1지구 주택재개발정비사업조합	성수동1가 72-10
2	성동구	주택재개발	성수전략정비구역 제4지구 주택재개발정비사업조합	성수동2가 219-4
1	성북구	도시환경정비	신길음1구역 재개발정비사업 조합	길음동 31-1
2	성북구	주택재개발	동소문제2구역 주택재개발정비사업조합	동소문동2가 33
3	성북구	주택재개발	보문제5구역 주택재개발정비사업조합	보문동1가 196-11
4	성북구	주택재개발	성북제2구역 주택재개발정비사업 조합	성북동 226
5	성북구	주택재개발	안암2구역 주택재개발 정비사업조합	안암동3가 132-17
6	성북구	주택재개발	장위14구역 주택재개발정비사업조합	장위동 233-552
7	성북구	주택재개발	장위제9구역 주택재개발정비사업조합	장위동 238-83
8	성북구	주택재개발	정릉골구역 주택재개발정비사업조합	정릉동 757
9	성북구	도시환경정비	신월곡1구역 도시환경정비사업조합	하월곡동 88-142
1	송파구	주택재개발	마천4재정비촉진구역 주택재개발정비사업조합	마천동 323

번호	자치구	사업 구분	사업장 명	대표 지번
1	은평구	주택재개발	갈현제1구역 주택재개발정비사업조합	갈현동 300
2	은평구	주택재개발	불광제5 주택재개발정비사업 조합	불광동 238
3	은평구	도시환경정비	수색1재정비촉진구역 도시환경정비사업조합	수색동 366-6
1	종로구	주택재개발	무악제2 주택재개발정비사업조합	무악동 47
2	종로구	주택재개발	신영제1구역 주택재개발정비사업조합	신영동 158-2
3	종로구	도시환경정비	종로6가 도시환경정비사업 조합	종로6가 117
4	종로구	주택재개발	충신제1구역 주택재개발정비사업조합	충신동 1-1
1	중구	주택재개발	신당9구역 주택재개발정비사업조합	신당동 432-1008

자치구 기준 재개발 지역

사업시행인가

번호	자치구	사업 구분	사업장 명	대표 지번
1	강동구	도시환경정비	천호1 도시환경정비사업조합	천호동 423-200
1	관악구	주택재개발	신림3 재정비촉진구역 주택재개발정비사업조합	신림동 316-55
1	구로구	주택재개발	개봉 제1주택재개발정비사업조합	개봉동 138-2
1	노원구	주택재개발	상계4 재정비촉진구역 주택재개발정비사업 조합	상계동 85-33
2	노원구	주택재개발	상계6 재정비촉진구역 주택재개발정비사업 조합	상계동 95-3
1	도봉구	주택재개발	도봉제2구역 주택재개발정비사업조합	도봉동 95
1	동대문구	주택재개발	청량리제7구역 주택재개발정비사업조합	청량리동 199

번호	자치구	사업 구분	사업장 명	대표 지번
2	동대문구	주택재개발	휘경3재정비촉진구역 주택재개발정비사업조합	휘경동 172
1	동작구	주택재개발	노량진4재정비촉진구역 조합	노량진동 227-5
2	동작구	주택재개발	노량진6재정비촉진구역 조합	노량진동 294-220
3	동작구	주택재개발	노량진2재정비촉진구역 조합	노량진동 312-75
4	동작구	주택재개발	노량진7재정비촉진구역 조합	대방동 13-31
5	동작구	주택재개발	노량진8재정비촉진구역 조합	대방동 44-1
6	동작구	주택재개발	흑석9재정비촉진구역조합	흑석동 90
7	동작구	주택재개발	흑석3재정비촉진구역조합	흑석동 253-89
1	마포구	도시환경정비	마포로3구역제3지구 도시환경정비사업조합	아현동 613-10
1	서대문구	도시환경정비	가재울8 재정비촉진구역 재개발정비사업조합	남가좌동 289-54
2	서대문구	주택재개발	북아현 3 재정비촉진구역 주택재개발 정비사업조합	북아현동 3-66
3	서대문구	주택재개발	북아현 2 재정비촉진구역 주택재개발 정비사업조합	북아현동 520
4	서대문구	주택재개발	연희제1구역 주택재개발 정비사업조합	연희동 533
5	서대문구	주택재개발	홍은제13구역 주택재개발정비사업조합	홍은동 11-111

번호	자치구	사업 구분	사업장 명	대표 지번
1	성동구	주택재개발	금호제16구역 주택재개발정비사업조합	금호동2가 501-31
2	성동구	주택재개발	용답동 주택재개발정비사업조합	용답동 108-1
3	성동구	주택재개발	행당제7구역 주택재개발정비사업 조합	행당동 128
1	성북구	주택재개발	길음역세권 재정비촉진구역 주택재개발정비사업조합	길음동 542-1
2	성북구	주택재개발	동선제2구역 주택재개발정비사업조합	동선동4가 304-2
3	성북구	주택재개발	삼선제5구역 주택재개발정비사업조합	삼선동1가 296
4	성북구	주택재개발	성북제3구역 주택재개발정비사업조합	성북동 3-38
5	성북구	주택재개발	장위제6구역 주택재개발정비사업조합	장위동 25-55
6	성북구	주택재개발	장위10구역 주택재개발정비사업조합	장위동 68-37
7	성북구	주택재개발	장위 4구역 주택재개발정비사업조합	장위동 289
1	양천구	주택재개발	신정1 재정비촉진구역3지구 주택재개발정비사업 조합	신월동 606
1	영등포구	도시환경정비	양평제12구역 도시환경정비사업조합	양평동1가 243-1

번호	자치구	사업 구분	사업장 명	대표 지번
2	영등포구	도시환경정비	양평제13구역 도시환경정비사업조합	양평동2가 33-20
1	용산구	도시환경정비	국제빌딩주변 제5구역 도시환경정비사업조합	한강로2가 210-1
1	은평구	주택재개발	대조제1구역 주택재개발정비사업조합	대조동 88
2	은평구	주택재개발	수색8재정비촉진구역 주택재개발 정비사업조합	수색동 16-2
3	은평구	주택재개발	증산5재정비촉진구역 주택재개발정비사업	증산동 157-34
1	종로구	도시환경정비	사직제2구역 도시환경정비사업 조합	사직동 238-1
2	종로구	주택재개발	옥인제1구역 주택재개발정비사업조합	옥인동 47-64
1	중구	주택재개발	신당제11 주택재개발정비사업조합	신당동 85
2	중구	주택재개발	신당제8 주택재개발정비사업조합	신당동 321
1	중랑구	도시환경정비	상봉7재정비촉진구역 도시환경정비사업조합	상봉동 88

자치구 기준 재개발 지역

관리처분인가

번호	자치구	사업 구분	사업장 명	대표 지번
1	강북구	주택재개발	미아제3구역 주택재개발정비사업조합	미아동 791-364
1	관악구	주택재개발	봉천제12-1구역 주택재개발 정비사업조합	봉천동 1544-1
1	광진구	도시환경정비	자양4재정비촉진구역 도시환경정비사업조합	자양동 778-6
1	동대문구	주택재개발	용두5구역 주택재개발정비사업조합	용두동 253
2	동대문구	주택재개발	용두제6구역 주택재개발정비사업조합	용두동 753-9
3	동대문구	주택재개발	이문3재정비촉진구역 주택재개발정비사업조합	이문동 149-8
4	동대문구	주택재개발	이문1재정비촉진구역 주택재개발정비사업조합	이문동 257-42
5	동대문구	주택재개발	휘경1재정비촉진구역 주택재개발정비사업조합	휘경동 243
1	마포구	도시환경정비	마포로6 도시환경정비사업조합	공덕동 385

번호	자치구	사업 구분	사업장 명	대표 지번
2	마포구	주택재개발	염리2구역 주택재개발정비사업 조합(뉴타운)	염리동 45
1	성동구	주택재개발	금호제14-1구역 주택재개발정비사업조합	금호동4가 480
1	성북구	주택재개발	길음1재정비촉진구역 주택재개발정비사업조합	길음동 508-16
2	성북구	주택재개발	보문제2구역 주택재개발정비사업조합	보문동1가 60-28
3	성북구	주택재개발	석관제2구역 주택재개발정비사업조합	석관동 58-56
4	성북구	주택재개발	장위1구역 주택재개발정비사업조합	장위동 144-24
5	성북구	주택재개발	장위5구역 주택재개발정비사업조합	장위동 173-114
6	성북구	주택재개발	장위 7구역 주택재개발정비사업조합	장위동 189-3
1	동작구	주택재개발	흑석7재정비촉진구역조합	흑석동 158
1	양천구	주택재개발	신정2재정비촉진구역2지구 주택재개발정비사업조합	신정동 1150-41
1	영등포구	주택재개발	신길3재정비촉진구역 주택재개발정비사업조합	신길동 145-40
1	은평구	주택재개발	수색6재정비촉진구역 주택재개발 정비사업조합	수색동 115-5

번호	자치구	사업 구분	사업장 명	대표 지번
2	은평구	주택재개발	수색7재정비촉진구역 주택재개발정비사업조합	수색동 189
3	은평구	주택재개발	수색13재정비촉진구역 주택재개발정비사업조합	수색동 341-6
4	은평구	주택재개발	응암제1구역 주택재개발정비사업조합	응암동 8
5	은평구	주택재개발	수색6재정비촉진구역 주택재개발 정비사업조합	수색동 115-5
1	중랑구	주택재개발	중화1재정비촉진구역 주택재개발정비사업 조합	중화동 331-64

지은이 **김제민**

㈜더리치에셋의 이사이다. 현재 한국경제TV 〈성공투자 부동산재테크〉와 SBS CNBC TV 〈시선집중 부동산 길라잡이〉에 출연 중이다. 그 외에 팍스 경제TV, 매일경제TV, 이데일리TV, RTN 등 다수의 방송을 통해 부동산에 대한 유용한 정보를 제공하고, 시청자들의 부동산 투자 고민을 해결해 주고 있다.

2000년대 초반 강남의 도곡렉슬, 은평 뉴타운, 갈현동 재개발·재건축 단지의 실전 경험을 통해서 재개발·재건축 투자 경험을 쌓았다. 이 밖에 다양한 분야의 부동산 투자 경험을 쌓고 부동산 전문가로서 입지를 다졌다. ㈜리더스자산관리 대표이사, NSL종합건설전략 기획팀장, 리코R&D캄보디아 현지법인 부사장, 자산관리연구소장 등을 역임했다.

그렇게 할 거면 재개발·재건축 절대 하지 마라

초판 1쇄 인쇄 2019년 12월 12일 | **초판 1쇄 발행** 2019년 12월 20일
지은이 김제민 | **펴낸이** 김시열
펴낸곳 도서출판 자유문고

(02832) 서울시 성북구 동소문로 67-1 성심빌딩 3층

전화 (02) 2637-8988 | 팩스 (02) 2676-9759

ISBN 978-89-7030-144-0 03320 값 14,000원

http://cafe.daum.net/jayumungo (도서출판 자유문고)